超级中层商学院

超级中层商学院之
好心态带来高能量

解决中层心态问题的良方

林世华　李国刚 ◎ 著

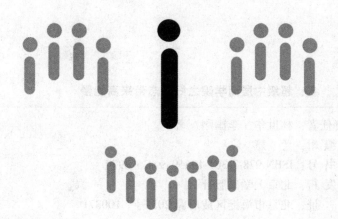

北京大学出版社
PEKING UNIVERSITY PRESS

图书在版编目(CIP)数据

超级中层商学院之好心态带来高能量/林世华,李国刚著. —北京:北京大学出版社,2012.2

ISBN 978-7-301-19859-9

Ⅰ.超… Ⅱ.①林… ②李… Ⅲ.企业领导学 Ⅳ.F272.91

中国版本图书馆 CIP 数据核字(2011)第 252451 号

书　　　名：	超级中层商学院之好心态带来高能量
著作责任者：	林世华　李国刚　著
责任编辑：	兰　慧
标准书号：	ISBN 978-7-301-19859-9/F·2977
出版发行：	北京大学出版社
地　　　址：	北京市海淀区成府路205号　100871
网　　　址：	http://www.pup.cn
电　　　话：	邮购部 62752015　　发行部 62750672
	编辑部 82893506　　出版部 62754962
电子邮箱：	tbcbooks@vip.163.com
印 刷 者：	北京市密东印刷有限公司
经 销 者：	新华书店
	787 毫米×1092 毫米　16 开本　13 印张　180 千字
	2012 年 2 月第 1 版第 1 次印刷
定　　　价：	35.00 元

未经许可,不得以任何方式复制或抄袭本书之部分或全部内容。

版权所有,侵权必究

举报电话:010-62752024　电子邮箱:fd@pup.pku.edu.cn

目录/CONTENTS

总序 从"我知"到"我会"——中层核心竞争力 /IX

前言 认识你自己,凡事勿过度 /XVII

第一章 中层六大问题心态

- 中层管理者是要带团队的。要管理好别人,首先要管理好自己。
- 犹豫不决、患得患失……中层害怕失去,才会痛苦。
- 把心思寄托在"捷径"的中层,最终只能庸庸碌碌。

一、心浮气躁 /3

二、唯我独尊 /4

三、患得患失 /6

四、得过且过 /7

五、推诿扯皮 /9

六、以怨报怨 /10

【心理自测】心理健康症状自评 /11

第二章 一切从心开始

- 心平气和、顺其自然，才能从"奴隶"到"将军"。
- 很多中层正经历亚健康的痛苦，这与心态直接相关。
- 怎样的心态，决定了怎样的生活。

一、一切由"心"定 /23

二、关于心态的几个心理学实验 /24

三、提升你的"心灵能量" /28

【心理自测】自我控制测试 /29

第三章 心态修炼模式

- 中层要培养一种面对过去和未来的推动能力。
- 中层更应该注重的是人际与情绪技能。
- 在中层的成长过程中，自我管理特别是心态的管理尤为重要。

一、企业中层四种人 /37

二、中层的三种技能 /38

三、中层成事靠三"商" /39

四、心态修炼由内而外 /40

【心理自测】个性成熟度测试 /42

第四章 活在当下——学会享受过程

- "在适当的时候做适当的事情",更容易成为赢家。
- 岗位变换后,中层无法面对身份的转变,还是把自己定位于过去,就会变得消极。
- 作为中层管理者,应该做到未雨绸缪,但不能成为"沙鼠"。

一、什么是"活在当下" /53
二、活在当下最幸福 /54
三、三种活法 /55
四、寻找幸福的"汉堡" /60

【心理自测】活在当下 /62

第五章 向下比较——还有人比你更倒霉

- 比较并没有错,错的是比较的对象和比较之后的计较。
- 人们在比较的时候应该追求的是满意而并非最优。
- 选择一种适当的向下比较方式,就是选择了一种自己控制的人生。

一、我是在和谁比较 /67
二、你的比较结果并非最优 /68
三、比上不足,比下有余 /69
四、想象还有人比你更倒霉 /71
五、随时为最坏结果做准备 /72

【心理自测】向下比较 /73

第六章 主动改变——山不过来我过去

- 主宰我们情绪的，不是外部的已发生事件，而是我们对已发生事件的认识。
- 当你不能改变世界时，干吗非得与之较劲呢？改变自己才是最明智的选择！
- 如果山过不来，那我们就过去吧！

一、改变定义就能改变看法 /77

二、改变看法就能改变心态 /78

三、改变想法才能改变情绪 /80

四、改变行为也能改变心态 /81

五、改变自己才可改变世界 /83

【心理自测】主动改变 /84

第七章 积极影响——做影响圈的事情

- 人可能失去很多自由，但仍然有"选择用什么心态去面对"的自由。
- 客观条件的限制并不可怕，可怕的是我们没有做出正确的态度选择。
- 思维决定人的心态，心态决定人的做事逻辑，行动决定命运。

一、人有选择的自由 /89

二、关注圈与影响圈 /92

三、聚焦影响圈，人生才自由 /95

【心理自测】积极影响 /97

第八章 严格自律——自律带来更大自由

- 作为中层，必须无条件坚决执行公司的制度规范，不能因个人好恶擅自进行改变。
- 自律的关键是内在约束，是培养好的品格和习性。
- 在企业里，做到正派廉洁、严格自律，是能成就更大事业、获取更大舞台的前提。

一、什么是自律 /101
二、自律带来更大自由 /102
三、以身作则——从领导做起 /107

【心理自测】严格自律 /108

第九章 低调务实——水低成海，人低成王

- 在人的一生中，能够立根基的事不外乎两件：一件是做人，一件是做事。
- 如果中层管理者事事好大喜功，那么必定很难打造一个高绩效团队。
- 作为中层，往往是大家眼光聚焦的位置，更应在衣食住行等各方面甘于平凡。

一、我们很容易高估自己 /114
二、我们都希望比别人强 /116
三、要有一颗平凡的心 /117
四、把自己放在最低处 /118
五、不要把自己太当回事 /119
六、有多大能耐办多大事 /121

【心理自测】低调务实 /123

第十章 外圆内方——永不放弃自己

- 执著本身没有错，错的可能是你所在的道路不正确，这时何不变通？
- 把握好进退的时机和分寸，是大智者。作为中层，更要充分感受进退的学问。
- 一个好的中层管理者，应该懂得使用"胡萝卜加大棒"的方式去管理下属。

一、外圆内方会变通　/127

二、外圆内方知进退　/129

三、外圆内方能屈伸　/131

四、外圆内方济刚柔　/132

五、外圆内方方为本　/134

【心理自测】外圆内方　/136

第十一章 先舍后得——种瓜得瓜，种豆得豆

- 职场人士不应该只关注个人得失、眼前利益，不能事事只想着受益。
- 如果你想在需要时能获得更多人的帮助，就需要不断在"情感账户"中进行存款。
- 作为企业的中层管理者，"面子"可能比"票子"重要。

一、什么是舍得　/141

二、吃亏是福　/142

三、情感账户　/143

四、推功揽过　/145

五、无欲则刚　/146

六、先舍后得的误区　/147

七、先舍后得的做法　/148

【心理自测】先舍后得　/148

第十二章　学会宽容——心有多宽，路有多长

- 中层要在职场中有所作为，要毫无保留地把自己的力量奉献给团队。
- 如果你能包容别人的错误，原谅下级的过失，自然会赢来别人的忠心。
- "以直报怨"的方式，不至于伤害无辜，也不会加深仇恨、扩大矛盾。

一、学会接纳自己和他人　/154

二、学会尊重差异　/156

三、学会原谅一切　/157

四、懂得不争之念　/159

五、运用以直报怨　/161

【心理自测】学会宽容　/162

第十三章　懂得感恩——滴水之恩，涌泉相报

- 好的领导能把你带上事业的快车道，好的同事会让你在正确的事业道路上不断加速。
- 更高层面的感恩，不仅仅是感激所获得的，也要感激所失去的。
- 世上没有十全十美的事物，比抱怨更重要的是，自己为改变这些不如意做了哪些努力。

一、我们应该感谢谁　/167

二、我们应该感恩什么　/168

三、感恩应该怎么做 /170

四、走出感恩的误区 /172

【心理自测】懂得感恩 /173

"超级中层商学院"系列培训精彩观点分享 /175

致谢 /181

总序

从"我知"到"我会"——中层核心竞争力

我们请过数百名本土企业家分别填写一份"当前最苦恼的事"清单,最终排名前三位的是:

1. 不知如何寻找公司未来的新增长点。
2. 面对新的发展机遇,缺乏合适的实施团队。
3. 内部现有管理层的执行力不足。

看,企业家的三大烦恼中,就有两项与中层团队有关。

而在针对企业决策层人士的面对面访谈中,我们都会问同一个问题:"你认为在你的中层干部中,完全胜任、需要在岗培养和完全不胜任的比例是怎样的?"迄今为止,已经有四五百名企业高层回答过这个问题,总体上看,认为自己目前的中层管理者完全胜任的不超过总体数量的20%,而有超过一半的企业高层认为自己至少有50%的精力被分散在帮助下属处理那些本该由部门中层管理者解决的事情上。

我不知道对于大多数中层管理者来说,当你得知高管们的这个评价时,心里会作何感想。但是从积极正面的角度来看,正因为这个"悲观"的评价结果,才催生了今天你所看到的这套"超级中层商学院"丛书。正所谓"工欲善其事,必先利其器",这套丛书就是为中层管理者提供的一套"利器",致力于通过帮助中层管理者的提升改善,来消除企业家们天天面对的"当前最苦恼的事"。

当你在阅读和学习这套丛书之前，首先需要了解的是以下几个特点：

第一，系统化。这套丛书的每一位作者都是在该领域长期从事咨询和培训实践的资深咨询顾问，每人每月至少会有20天全天候在各类企业现场工作。因此，我们了解企业家，更了解企业在中层培养和发展方面的实际状态。**对我们来说，"中层"不是一个符号，而是我们每天都接触的实实在在的朋友与客户，亲切、熟悉、鲜活；中层的管理任务也不是一种孤立的存在，而是与企业整体业务布局和管理秩序密切相关的动态事务。**

第二，情境化。这套书在写作过程中非常强调问题导向，大部分结论和方法都来自对某一类具体常见问题的分析与观察，并且把这些问题放到中层每天接触面对的典型情境中加以解决。**根据我们的统计对比，基本上已经覆盖了中层管理者九成以上的管理情境，并直接给出方法和分析，你可以在阅读过程中对照自身的经历与经验。**当然，即便如此，也不可能穷尽所有的情境，我们非常欢迎大家能够在阅读后把你的个人经验反馈给我们共享，共同来研究解决问题的办法。

第三，工具化。这套书的价值在于工具和方法的集萃。我们不希望再空谈理念，而是强调行为的改变。事实上中层对于公司有天然的依存性，也具备很强的成长愿望，所谓的不如意、不满意往往都是能力和方法的缺失造成的。只要掌握了标准的行为菜单，并且一以贯之地去实践，大部分人都能够体现自己的胜任力。**我们不卖弄知识，而是希望给所有的中层提供"干货"和"绝活"，让大家看得懂、学得会、用得上。书中提供的所有工具方法也均在过去三年中通过在数十家企业的实际验证，证明是有效的。**

在长达十几年的企业管理咨询工作中，我们不断"零距离"地观察企业的发展与变革，并且为这些行动制订各种方案和计划。最终，我们发现无论企业的规模、行业、历史、体制如何，影响企业每一个动作能否高质量完成的核心因素就是人；所有的战略变革、资源整合、管理优化等宏大设想，其载体也是人。而在所有的企业人中，有一个特殊的现象：一方面，中层管理者这个群体在企业中占据了承上启下、上传下达的枢纽位置；另一方面，因为中层工作角色的相对封闭和内部化，没有光环效应，所以实际上大家对于中层具体的行为与动作的关注度是严重不足的。更有甚者，人们会过于强调给中层状态的发挥扣上"价值观"、"理念"等大帽子，而对真正的中层问题严重"失焦"。

大部分时候，企业在应对机遇或者挑战时，都可以用"高层发心，中层发力"8个字来概括企业不同层级管理团队的配合机理，而高管们目前所感受到的实际情况则往往是心有余而力不足。所以，中层往往变成了上下不通的"隔热层"，有一位企业家甚至这样形容自己的公司——中部塌陷。

长期的管理咨询工作帮助我们更好地看清了导致"中部塌陷"的主客观原因：

从客观上来讲，目前所有的中国本土企业都面临着共同的管理环境：一是企业在市场中运行的历史较短，根基不深，大部分企业在真正的竞争环境中只经历过一两代管理者的更替，企业本身没有沉淀出行之有效的针对中层管理者的培育和训练经验；二是企业近十年来成长速度之快超出高层预料，企业规模、业务、机构的膨胀远远超出了正常的人才学习成长速度，新的岗位不断被创造出来，因此导致普遍存在对中层梯队"拔苗助长"的现象。

从主观上来看，中层管理者们往往乐见"拔苗助长"之利，而抗拒或者回避其害。首先，能够升任中层职位的人，一般是在基层管理者或者员工岗位上工作非常出色的骨干，因此他们一定在之前的岗位上具备相当优秀的专业能力和工作表现。而他们自己也容易满足或者陶醉于这一点，并不会主动研究和分析职位升迁所带来的工作性质和能力要求的变化。同时，他们以往的工作经历也基本上不会培养这些方面的能力。

但是，事实上，从骨干员工到中层管理，即便同处一室，其工作方式和内容也发生了巨大转变。他们一旦就任新岗位，立即会发现自己面对一系列全新的挑战：怎么承接整个公司战略对部门的要求？怎么培养下属、带领队伍？怎么使自己和老板之间无障碍地沟通？怎么树立自己的领导权威？怎么和其他同级部门协同配合？怎么组织各方面人马把一个好的计划在既定时间和条件下实施落地？等等。这些都是无法在员工手册和企业文化读本中找到答案的新问题。

这时候，"中部塌陷"的危机就悄然浮现：一方面是箭在弦上片刻耽误不得的具体任务；一方面是隔靴搔痒、大而化之的理念、概念、观念类的培训。中层们只好凭借自己的管理直觉和个人既往经验来着手解决问题。这就产生了由于缺乏岗位自信所导致的霸道对抗现象和由于缺乏管理工具所导致的低效低迷现象，无论哪种倾向，最后都是部门工作不力、整体效能受损、员工士气低落。

"中部塌陷"已经成为企业高层、中层和基层共同的烦恼和问题，也成为制约企业持续发展的明显短板。由于每天都听到企业人针对这一短板的抱怨和询问，从2009年开始，我们下定决心着手探寻"中部塌陷"的解决之道。幸运的是，十几年来的管理咨询经验为我们打造了对企业的系统思考能力，并积累了大量的实际管理案例。这使得我们的研究从一开始就有别于传统的方式：**一是避免就事论事，从企业整体角度出发来切入具体问题；二是避免坐而论道，从非常具体真实的情境着手来细分管理工具；三是避免隔靴搔痒，始终保持和中层群体的密切互动和交流。**

在这里必须感谢我们多年来的忠诚客户们，他们对于这一课题给予了高度的支持。从2010年到2011年的两年间，他们除了为此贡献了大量的案例和经验，最有力的支持就是开放自己的企业，让我们以这套"超级中层商学院"方法论在企业内部开设培训课程，在与数十家公司、上千名中层管理者的面对面互动中不断发现新问题、持续打磨这套方法，并且获得最直接的学习反馈。

今天所呈现在你面前的这套"超级中层商学院"丛书就是经过上述过

程的试练，第一次系统总结整理而成的。通过对跨行业、跨专业的中层管理者的管理动作研究，我们发现，其共性的管理任务主要来自四个方面：

首先，就管理对象而言，中层一要管人，二要管事；其次，就工作周期来说，一类是较长周期的工作，一类是短期循环的工作。因此，以这两项条件建立一个基本的中层工作类别的矩阵：

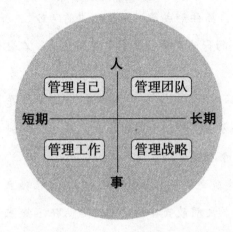

从这个矩阵，我们可以发掘出四大类关键的管理动作和相应的管理能力：

短期——管人：管理自己的能力

长期——管人：管理团队的能力

短期——管事：管理工作的能力

长期——管事：管理战略的能力

具体到这套丛书中，我们认为，管理自己的能力首先体现在自己的角色力，也就是在不同情境下恰到好处地找准自己的定位与行为方式，其内核是中层的心态修炼。管理团队的能力主要包括带队伍和做协同，前者是针对自己管辖权限内的下属团队如何进行选用与留评，后者是指如何与平行的甚至是外部的力量协作。管理工作的能力是指对日常、即时任务的处理能力，主要体现在是否能够掌握有效沟通和先进高效的工作方法两大领域。对于中层，管理战略的能力着重在落地和执行：怎样根据企业长期发展战略制订年、季、月度的计划？怎样在执行中不断修订计划，最后良好执行？如何让部门的运作有序？如何保证公司的战略、规划在自己所负责的范围内有效落地？

因此，我们将上述8个方面的能力训练分别呈现在8本书中：

《超级中层商学院之像中层，才能当好中层》：细分中层在实际工作中的各种场合与情境，抓住形成第一印象的"前7秒"，开具详细的"外形"与"表现"相结合的行为菜单，提高中层角色力，在任何场合都做到进退得体、应对自如。

《超级中层商学院之好心态带来高能量》：心态就是力量。通过导入10种调整心态模式的方法，帮助中层提高抗压能力，实时自我调整，用建设性的正面思维激发个人能量场。

《超级中层商学院之收放自如带队伍》：从自己独立工作到带领团队工作，是从骨干到中层之间最直接的区别。带队伍不能依仗个人魅力，而是要针对自身工作小环境，灵活运用相应的工具方法。

《超级中层商学院之跨部门协同无障碍》：在实际工作中，无论是企业决策者还是每一位中层，或多或少都为跨部门协同不畅而感到苦恼。只有中层自身不再戴着有色眼镜对待协同任务，而是用合适的管理工具来推进和管理与他人的协同工作，开放、高效、无障碍的跨部门协同才可能实现。

《超级中层商学院之做事有章法》：打开高效精确工作的"黑匣子"，提供最直接、细化的工作方法来应对日常接收的每一个管理任务，使中层在多任务运行状态下仍然能够做到有条不紊、秩序井然、目标清晰、方法给力。

《超级中层商学院之沟通有结果》：中层管理者所属的专业、行业千差万别，但是主要工作方式却极其相似——基本都是以沟通作为载体，通过有效沟通来推进管理活动。只有对各种沟通方式有清晰的认识，并且对不同任务中的沟通技巧进行灵活掌握，才能做到以结果为导向的有效沟通。

《超级中层商学院之七步务实做规划》：让"规划"走下神坛，深入到中层的管理意识中，成为每一个部门、每一个团队的基本动作，促进中层对部门工作的长期思考和系统思考。通过最简捷的7个步骤，帮助中层充分理解公司级大战略的思想，并且将其分解到自身部门的工作规划和日常任务中去，以此形成部门对公司的承接、中层对高层的承接。

《超级中层商学院之落地才是硬道理》：面对未来，其实大部分公司的看法和想法都极其相似，但是几年之后不同公司的状态却往往是天壤之差。因此，只有将想法、规划、目标全部一一落地，变成真实的做法和业绩，并在这一过程中不断应变、不断调整，企业才有可能长治久安、走向卓越。

在以上述8本书为基础的培训活动中，我们将"自我管理、团队协同、跟踪测评、全程PK"的方法引入每一家企业。不同于我们所见到的大部分较为单纯的中层培训——讲师到场上课，一两天之后课程结束——我们认为，要为企业切实解决中层问题，需要更长的时间、更多的调研、更深入细致、实事求是的问题推演，除了在书中能够看到的案例和情境，培训师还会与学习者共同寻找本企业、小环境中真实发生的案例与正在面临的问题，通过辅导、演练上述管理工具，以团队为单位来制定解决方案，从而让每一位中层学习者对自身相关的角色、责任、协作等产生实际的体验，在离开培训室时掌握真实的技能。另外，每一个专题培训中都会安排专门的测评，针对与此专题相关的能力、意识、行为风格等方面进行跟踪，并且将测评分析的结论与学员分享、复盘，帮助每一位学习者更好地认识自己、理解他人。

在培训后，中层管理者的反馈集中在以下几个方面：通过了解整体课程的思路，使自己能够跳出本部门"山头主义"的局限性，认识到管理是一个系统的工作。在每一门具体的课程中，学到了具体的工作方法和技能，而通过对这些方法的演练又真正领会到其蕴含的理念与思想。学习的最高境界在于把学到的东西灵活运用到自己的工作中，如果不用，知识和方法只可能永远停留在"我听过"、"我知道"的层面，不会对提高自己的管理能力起到任何帮助。在长达五六个月的学习过程中，深切体会到团队的价值高于个人价值。

而决策、参与此项目的企业家们在对比观察下属们的工作表现后则认为，"超级中层商学院"是一个帮助快速成长中的企业"消除隔热层、提高执行力"的务实办法。

"超级中层商学院"丛书的出版是我们多年咨询经验和三年来的培训经验的总结和升华，我们对于中层管理者成功经验和行为模式的研究会以此为新的起点，持续推向深入。希望通过我们的努力，能够帮助每一家企业和每一位中层，避免"中部塌陷"，让中层成为真正的"中流砥柱"，让中层团队成为企业日常管理最强悍的"超级发动机"。

前言

认识你自己,凡事勿过度

我迈进中年的吴先生,不仅赶在北京房价飞涨之前置下一套100平方米的房子,有了小汽车,事业也颇有成就,经过近8年的打拼,终于从一个应届生成长为中关村一家大公司的中层技术部长,别人都很羡慕,但吴先生却并没有体会到幸福。

"当个中层,既费力,又费心,既要笼络住下属,还要巴结好上级,有的时候两头受夹板气,而且在北京这样的地方,还有很多意想不到的生活压力与问题,最多再做10年就不做了,直接退休回老家了。"

吴先生家住北京昌平的回龙观地区,虽然距离上班的中关村直线距离不过10多公里,但每天开车上下班路上的时间平均超过3个小时。为了给下属做表率,他每天都是不到6点起床,6点半出门,先把孩子送到幼儿园,然后再开车赶在8:30之前到公司,时间紧的时候经常吃不上早饭。"真的压力很大。"他说,"早上辛苦点也就罢了,但是每天都有干不完的工作,为了赶项目进度,为了拿到年终的奖金,晚上加班已经成为家常便饭,半夜回家为了不惊动孩子,经常在客厅的沙发上凑合一宿。"

这几年公司体检,吴先生的报告结论是"亚健康",没有大毛病，但经常犯困，浑身无力，没有胃口。老婆劝他："生命有终点，工作无终点，别拿健康去换钱了！"吴先生口头答应，但心里明白：家里就指望他一个人赚钱，为了还房贷，为了让孩子受最好的教育，为了让两边的父母安享晚年，不去打拼怎么行？

一次在丽江参加技术研讨会，吴先生的生活节奏突然慢了下来，会议并不紧张，还留了一天时间自由活动，他在古城茶馆坐下来，听听歌、看看水、发发呆、上上网、品品茶、聊聊天、睡睡觉、养养胃。

"丽江人在生活，我们仅仅在活着。"他感慨地说。

你可能对这样的故事非常熟悉，吴先生的想法代表了一部分中层的苦恼。生活中，我们经常会有这样的体验：

我们的生活总是忙忙碌碌，刚开始做一件事，内心就不安起来，因为还有更多的事——家里的事、工作上的事、朋友的事，还有一些莫名其妙而又必须做的事……当你终于可以歇下来时，一种不安和不满的情绪又占据了所有空间，随之而来的是身体状况越来越差。

只要你留心观察，你的一天也许这样度过：早晨匆匆起床，梳洗打扮后马上出门，在路边乘上一辆出租车，在车上翻阅着公司文件。经过一上午的奋战，还顾不上休息，将公司的盒饭一扫而光后，下午又在办公桌前坐上几个小时，晚餐大多数时候是一些应酬，推杯换盏之后带几分醉意去歌厅或是酒吧，归去时往往已是深夜。我们大部分人都在过着一种谈不上"充实"，顶多也就是被"填满"的日子。

什么时候，我们可以真正地放松一下，问问自己：

我是谁？我想要的究竟是什么？

什么对于我是最重要的？

我这一辈子究竟为什么？

我怎样做才能实现自我？

……

真的,我们仅仅在"活着"!

现代都市好像一台24小时不停运转的大机器,人们夜以继日地在这个"大机器"中奔波着。2001年发表在权威期刊《刺胳针》的研究文章中,首度出现"24小时社会"(24-hour society)一词。不打烊的24小时经济形态,随着世界级的大企业进入中国,中国企业走向世界,尤其在金融、科技、服务等行业,为了配合全球时区或客户时间,造成大多数人在睡觉时,总有许多人还在工作。

有机构曾对中国1576名白领进行了工作压力状态调查,结果显示:45%的人觉得压力较大,21%的人觉得压力很大,3%的人觉得压力极大。你是哪一种?

的确,我们现在的社会,没有工作的羡慕有工作的,忙碌的羡慕清闲的,年轻的开始想退休;做领导的说下属太浮躁,做下属的说领导要求太高……心态问题已成为一个严重的社会问题。

最新的资料表明:现代社会的各种慢性疾病当中,至少有60%与心理有关,心理的亚健康带来了精神的紧张,生活没有规律,也就带来了类似高血压、胃肠疾病、皮肤疾病等多种问题。在医院,有越来越多的年轻夫妇去检查为什么无法怀孕,而检查的所有指标结果都是正常的时候,医生只能说:"别紧张,放松。"自然界给人类赖以繁衍的本能竟然被"精神压力"所破坏!

在古代,徐霞客用了大半生才走遍中国,而今最多一年就可以完成。现代文明带来的快节奏,让人类还没有充分准备好来应对,焦虑、恐惧、烦躁、愤怒、紧张、失落等心理问题就必然成为现实。

看看我们的身边,从来不缺机会,从来不少能力,但我们能搜寻到多少"宠辱不惊,看庭前花开花落;去留无意,望天空云卷云舒"的人呢?

前两年有一部电影《2012》很受欢迎。显然2012年应该不是什么世界末日,但也许,我们的心灵已陷入了空前的挑战,这种挑战就是"虚无"。

这种"虚无"表现在两个方面：

一是人的思维方式朝向"虚拟情景"转化。

现代科技的发达，使人们对世界的看法发生了革命性的改变。电脑、互联网、数字技术等让我们习惯了以"虚拟情景"的方式来思考。如我们可以利用技术模拟各种情景，来设计未实现的实景；我们可以在电脑游戏中重来；我们可以进行虚拟的军事对抗训练……这一切，就像是亲身经历一般。但是，这其中应该实际所遭遇的挫折和危机，我们并未亲身感受和承担现实中的后果。因此，我们习惯了重来，习惯了"撤销键入"。

当我们真正实际碰到相同的情景时，可能就手足无措了。在对于人类生命的关怀、尊重和对社会的责任感方面，也慢慢习惯于"重来"的"虚拟"的思维。最近令人震惊的药家鑫的"激情"杀人，难道仅仅是激情吗？

二是人的意识与价值观念逐渐走向"虚无"。

现代社会提倡多元化，人们提倡自由，所以我们没什么"可以"和"不可以"的。想吃什么，想穿什么，想怎么做，几乎无人限制。同时，在打倒权威、反传统、个性化的观念革命中，我们对于人类传承的许多严肃而重要的价值观念也可以不坚持了。近几年，网上各种姐姐、艳照门、二奶、小三、某跑跑……层出不穷，吸引眼球最重要，与道德无关。

处于这种"异次元"社会，我们的心灵该如何安顿？

在这种时候，只有反省才能够很好地帮助我们的心灵渡过难关。

这是一本关于心态管理的书，是写给中层管理者看的。

作为企业中流砥柱的中层，更是家里顶梁柱的脊梁，我们更应该好好审视一下自己的心态是否还没有"与时俱进"。

中层管理者是要带团队的。要管理好别人，首先要管理好自己。一个能管理别人的人，不见得能管好自己。而一个连自己都管理不好的人，不会是一个优秀的管理者。

有句老话：性格决定命运。了解自己是做人的基础，修炼道德修养与个人魅力，才是改变命运的开始。

古希腊有个著名的神殿，叫戴尔菲神殿，其中供奉的是阿波罗神。阿波罗神是古希腊神话中的太阳神，代表光明、理性，以及各种安顿的力量。因此对很多人而言，戴尔菲神殿是一个解决人生谜题的地方。

神殿上刻着两行字："认识你自己"和"凡事勿过度"。

认识你自己，是关于人"自知"方面应有的态度，认识外部世界的同时，更应该深刻地了解自己。正如庄子所说："吾生也有涯，而知也无涯，以有涯随无涯，殆矣。"既然一个人不可能认识世界的全部，为何不切实际来认识自己呢？

凡事勿过度，是与自身的行为相关，即做任何事情都不能过分，要懂得适可而止，要在适当的时候停下来反省，给事情、给未来、给自己、给别人都留点余地。

然而，"认识你自己"和"凡事勿过度"，能做到任何其一均是一件极其困难的事。

古人讲：修己达人。"修己"，就是一切从改变自己开始；"达人"，就是要为他人创造更多价值。

认识你自己，凡事勿过度，就从改变自己开始！

第一章
中层六大问题心态

- 中层管理者是要带团队的。要管理好别人，首先要管理好自己。
- 犹豫不决、患得患失……中层害怕失去，才会痛苦。
- 把心思寄托在"捷径"的中层，最终只能庸庸碌碌。

现代企业根据各工作层面的不同功能而进行分层管理，按照组织结构模式，往往把分层管理划分为三层式管理，即高层（决策层）、中层（管理层）和基层（执行层）。

所谓中层，一般是指企业的各个部门领导，即介于高层管理者与基层员工之间的中级管理人员，是直接或协助管理基层员工及其工作的人。中层在组织中扮演着中枢的作用，组织的强大很大程度上有赖于这些中层的支撑。

中层的岗位定位决定了中层没有人事权，只有做事权。最可怜的是"上有老，下有小，中间还有兄弟姐妹找"，上有严管，下有骄兵，旁边还有人竞争。

中层面临着上下左右几层的压力，如同"夹心饼干"。作为"兵头将尾"，在上司面前想当好兵，在下属面前想当好官，结果却常常落得"兵不像兵，官不像官，兵不是好兵，官不是好官"。

在工作中，作为"夹心饼干"，中层常常面临着诸多困惑，往往会出现以下六大问题心态。

一、心浮气躁

小马觉得自己从来没有像现在这样失败过。

三年前，小马经历了新人期之后，由于各方面的表现较突出，正好公司业务拓展，被提拔为一个新部门的"老大"。头一年，他没日没夜地努力，总算把队伍搭了起来，业务渠道也建了起来。但是，这两年部门总是不能完成销售任务，小马很想早点扭转被动局面，就开始了无休止的工作，当别人问到他现在最缺少什么的时候，小马会脱口而出：时间。

成为部门经理之后，小马的时间好像永远不够用。首先，作为部门经理要身先士卒,为人表率,在部门员工面前要早来晚走,随时让员工看到自己领导辛苦的样子;其次,小马只是一个中层干部,享受不到高管的弹性工作待遇,没法按照自己的计划去安排时间;再次,小马在上司布置工作要结果、下属没有胜任力完成工作的情况下,很多时候只能是自己操刀或者手把手地教员工,让本来就很珍贵的时间更是少之又少;最后,每天没完没了的会议要求参加,也让小马叫苦不迭,上司参加的会议,他一般都要陪同,因为落实会议内容是自己的事,下属召集的会议更要出席,因为是否能完成任务还得去监工。

一边是上司不断地下达目标和工作任务,而且上司永远都记性很好,到点就会要结果;一边是十几口下属等待着自己去布置工作、安排计划、绩效激励、追踪辅导、检查监督……再加上家里的事情,小马已经是手忙脚乱,疲于应付。

下属会经常提醒他:你最近非常易怒,经常针对一些不要紧的小事情大动肝火,这样对身体不好。

小马也很苦恼,是啊,自己怎么变成这样了?难道真是"官升脾气涨"?

小马到底怎么了?原因很简单——太浮躁了。
浮躁的社会,浮躁的信息,浮躁的"快速成功法则",让现代社会能够扎扎实实做好一件事的人少了,持续坚持的恒心少了,愿意等待的人少了,水到渠成的自然规律少了。

小马就是这个浮躁社会的跟随者。

二、唯我独尊

王强刚当上部门经理,年轻气盛,资历不深但表现不俗。但这回他遭遇了劲敌,敌手是老谋深算的公司副总老赵,他曾经大力提拔过王强。

王强有的是什么？年轻、高智商、高学历、好精力、优秀的业绩，也正是这些才让他坐上了部门一把手的岗位。而且王强对部门里面大多数年轻人有着深刻的理解，他知道同龄人需要的是什么，喜欢听什么，他知道用什么方法能够激发下属的创造力，他知道如何让团队的士气高涨，他知道在公司业绩是硬道理。

老赵有的是什么？成熟、老练、经验丰富、深谙世故、与公司董事长有着几十年的信任关系。但是王强有的恰恰老赵都没有，依仗着与董事长的信任关系，老赵这些年基本处于"守业"状态，大多数工作都是帮助董事长"看摊"。老赵也知道，王强这样的年轻人是公司的未来，自己迟早要退出历史的舞台，他本来就没想跟这些年轻人争什么。

但是，王强的直接汇报领导就是老赵，两代人不同的价值观注定会出现摩擦和碰撞。

刚上任的时候，王强处处表现得很谦虚，对老赵也是毕恭毕敬，这个年轻人知道感恩，知道自己今天的位置是老赵帮助获得的，更关键的是，老赵是他现在的老板。

随着工作的进行，王强越来越感到不舒服，自己很多有创意的想法都被老赵一一否决，自己可能会在公司露脸的事情，也都被老赵一一打压。王强越来越认为老赵已经跟不上时代了，已经成为自己前进的"绊脚石"。

王强开始反抗，经常在工作中越过老赵去越级上报，针对老赵给出的指令也是"明修栈道，暗度陈仓"。几次过招之后，老赵怒了，他认为这个年轻人不成熟、忘恩负义，必须要给点颜色看看。

王强也不甘示弱，拉起部门的年轻人一起向公司上书，表现出"有我没他"的气势，绝不做任何妥协。

像王强这样的年轻中层，照理说应该懂得充分尊重前辈，善于从前辈那里获得经验与资源，而且一老一少的搭档，前者有董事长的信任，能够协调全公司资源，后者有出众的才华，能够创造优秀业绩，本应该成为最佳搭档，打遍天下无敌手。

但最后的结果是，两人剑拔弩张、互不相让。

究其根源，无非就是王强天性当中"唯我独尊"的价值观在作怪。王强是中国第一代独生子女，从小到大一直生活在"全世界都围着我转"的环境中，小时候全家人捧着他；上学后成绩优秀，老师和同学捧着他；工作后依然业绩优秀，而且当上部门领导，正是需要充分展示才华的时候，正是需要权力与舞台的时候，怎么能容忍自己的前进路上有绊脚石呢？

三、患得患失

半年前，石楠所在的集团收购了一家著名的私营电子公司，这是一次良性并购，并购使双方各得其所，电子公司既获得了雄厚的资金支持，又能够和集团形成合理的产业链。因此，并购并没有引起严重的人事震荡，只是电子公司原来的总经理辞职了。

石楠认为自己也许可以申请做电子公司的总经理，这个想法困扰了他很久。想想自己刚当上部门经理三年，自己部门业绩也不突出，就申请电子公司的总经理职位，能行吗？

转念又觉得，有什么不行，自己正好是学电子专业出身，也经过了几年的历练，上级领导都对他的经营管理能力大加赞赏，即使有不会的，也能学习，何况这几年自己也带过队伍，集团无非是需要有人管理电子公司嘛。而且老板时常在各种场合宣布内部提拔的计划，最近已经提升了两个人，自己为什么不能去试试？

但是，石楠知道，到目前为止，提升成子公司总经理的人至少在部门经理岗位上工作了5年。老板虽然多次说过"石楠还不错"这样的话，可谁知道他实际上怎么看自己，又有什么理由要对自己破格呢？万一提出了申请没有下文，岂不难受？不是已经有风言风语说自己想向上爬吗？真要做了电子公司总经理不更让人说三道四？一想到这些，石楠一点儿没精神投入工作，这些天为了这件事情，他已经好久睡不好觉了，感觉自己快疯了。

更为可怕的是，从此以后，领导们开个日常的工作会，石楠也会费尽心机打听，看谁又要被提拔了；发工资时，他会把工资表翻个底朝天，生怕谁多拿了半分钱；同事们聚会若少了他，他会猜想肯定避开他在搞什么鬼名堂……石楠很郁闷，一点儿不喜欢这样整天神经兮兮、心中布满疑虑、惴惴不安的状态。

石楠很郁闷，心中其实也很痛苦，活得并不自在，并不轻松。因为他患得患失。

生活中往往有这样一些人，做什么事情之前都要反复考虑，做完之后又放心不下，对方方面面都考虑得尽量周到，如有不妥，就很担心把事情办砸并担心别人对自己的看法，并且极其注重个人的得失。

许多中层管理者在基层时，虽然艰难，可下决心、做决定时很痛快，不会想那么多。但是当他成为中层管理者，有了一些成就之后，就变得犹豫不决、患得患失了。因为他以前囊中无物，"光脚的不怕穿鞋的"，当然无所谓得失，现在有一些基础了，就害怕失去这个、失去那个。人在害怕失去的同时，又期望什么都得到，想要这个、想要那个，所以才痛苦。

我们一定考虑要什么、放弃什么。如果你想什么都要，最后你什么都要不到。但是，如果你考虑时间太多，犹豫不决，又会贻误许多机会。

四、得过且过

5年前，于江由于业绩出色，被提拔为部门经理，当正式宣布的那一刻开始,于江就长出一口气:自己的事业终于可以进入"保险箱"了。于江不像很多部门经理一样有着疯狂的野心,不当高管绝不收手。他认为"官"不能做太大,做个中层正好,既不承担大责任,也不会像员工那样被人呼来喝去。总而言之,现在的位置对自己的人生理想而言,就是"正好"。

坐在中层的岗位上,对于上级老板布置的工作,于江都会按部就班地去完成,也从来不跟人去抢功。对于下属的工作,于江都会本着"铁打的营盘流水的兵"的理念,对于积极努力、有点能力的,就多培养一下,对于心态不好、水平一般的,也就得过且过。对于同级部门的工作配合,于江也能做到"该出手时就出手",在幕僚当中还略有人缘,关键时候还都能给点面子。

5年中层,于江没什么突出表现,当然也没有"掉过链子",正当他安稳于现状的时候,下属给他制造了一个大麻烦,他在整个事情处理过程当中,也出现了严重失职,最后公司虽然没有撤换他,但于江已经感受到老板对自己的不信任,感觉很委屈。

于江的状况其实是自找的。中层管理者中有这样一种人,只要勉强过得去,就这样过下去。在工作中处于可有可无的状态,平平庸庸,没有激情,得过且过,毫无生机,可谓"透明人",而心思与希望却往往寄托于一些不切实际,甚至不可思议的"捷径"上。

别看现在这个社会竞争激烈,但总有人能"超然物外"、我行我素,领导再怎么急于出成绩、见效益,那也跟我没关系,我就这么着了。

所谓的"得过且过"只是外在的一种表象,究其本质,这类"透明人"的骨子里却深植着一步登天的"速成法"。

殊不知,生活是现实而又严谨的,看似"偶然"的背后,都或多或少存在着"必然"。"捷径"总是被有心人所发掘,同时也是为有心人所准备。只有不断让自己增值,才会引来世人的瞩目,否则注定会被埋没在无尽的黑暗之中。

五、推诿扯皮

客户服务部的部长张威，突然被叫去参加总经理召集的临时会议，到场一看，还有不少同僚部长也都被临时叫了过来。会议一开始，总经理就向大家公布了他刚收到的一封邮件，是一个大客户的投诉，大概的意思是上个月由于产品出现了质量问题，到现在还无法解决，公司没有人能给他一个完整的、负责任的答复。

"你们知道这个投诉吗？"总经理首先问张威。

"知道，这个投诉我们部门内部都很清楚，我们在客户投诉的当天就转给了生产部门，请他们尽快给予回复，但是现在还没有得到答复。"张威回答。

总经理还没说话，生产部长就马上抢话："我们接到了这个投诉，但是经过我们的分析和查记录，不是生产环节的问题，还是属于原材料本身的质量问题所致。我们早就转给采购部了。"

采购部长很不高兴："我们早就把这个事情说清楚了，不是原材料的问题，咱们那么多产品都用这种材料，怎么只有这个出了问题？我们已经给到研发部门了，请他们看看是不是产品设计中的缺陷。"

"产品设计问题我们自查早就有结论了，我们根据客户的描述，怀疑还是运输环节的撞击所致。"产品研发部又马上把球踢给了物流部。

物流部长也不甘示弱："我们的产品配送，到客户现场是客户打开包装检查通过之后才签字确认的，要是有运输问题，客户不会签收的。"

总经理若有所思，然后对大家说："看来，这是个'无头尸案'，大家都没有责任，只有两个人有责任，一是客户有责任，非要弄个投诉扰乱我们的工作；二就是我有责任，没有教好大家武功，让大家只会打太极！"

张威心里想：不打太极怎么办？要是承认是自己环节的问题，全部门的年度奖金都要泡汤，回去怎么向部门的兄弟们交代？

扯皮的现象在企业中很普遍，中层管理者就是扯皮最为集中的点，因为中层正好位于从上到下"纵向"和部门之间"横向"的交叉点，责大权小。所以，能推就推，能少干就少干，能不干就不干。一旦自己接手，很容易就成固定职责，增加负担，惹来麻烦，招来埋怨。

但是，作为企业中层管理者，不管你的理由多么冠冕堂皇，归根到底就是你不愿意承担自己的责任，想把责任转嫁给别人。一旦我们有了寻找借口的习惯，那么责任心也就慢慢地烟消云散了。

六、以怨报怨

老周是一家投资公司的中层管理人员，负责公司的营运。有人问老周，在工作中是否被抱怨过，老周痛苦地说："没有一天不被抱怨的。"

这不，中秋节快到了，老周想给员工发月饼，但又有点犹豫。发吧，怕老板抱怨自己"不会精打细算"；不发吧，又怕员工抱怨自己"没有人情味儿"。没办法，老周只能"装死"，不做任何动作。

不料，中秋节的前一天，老板因为老周没有发月饼，抱怨他工作不主动、不尽心、不细心。于是，老周十万火急地采购月饼，因急不择价，又被老板抱怨"不负责任"。

来自上下左右的抱怨，老周的职业成就感完全被"不满意"的怨气所吞噬。没完没了的抱怨，使老周感到不安、不满和不爽。再加上老周在这家公司待了8年，从最初的小职员到现在的部门经理，老周花了4年的时间。但一晃4年又过去了，位置再也没有变动的迹象，薪水也是象征性地涨了几百元而已。看着身边的同龄人事业上春风得意，而自己在这个公司工作琐事多，薪水不高，福利也不好，又没有发展空间，不由得心生抱怨。

老周先是沉默，默默地忍受怨气，而后忍无可忍地爆发。结果，他的辩白和证明没有被接受，甚至引起更多的抱怨。委屈、无奈、痛苦使老周更加恐惧和愤恨，并以抱怨的方式四处喷射，不断以抱怨来反抗抱怨。抱怨英雄无用武之地、员工素质太差、老板独裁、公司缺乏人文关怀、人际关系太复杂……老周在抱怨的泥潭中越陷越深，非常苦恼。

抱怨是一种传染性很强的情绪病毒。很多中层管理者在遭遇"抱怨"病毒侵袭的时候，内心潜藏的怨气被激活，使自己也成为"抱怨病毒"的携带者。但是，带着抱怨，老周还能消除别人的抱怨吗？不能。而且，永远不能。

抱怨是最消耗能量的无益举动。有时候，我们的抱怨不仅会针对人，也会针对不同的生活情境，表示我们的不满。事情办砸了或者没有达到预期目标，就拼命寻找理由，推脱责任，不正是我们司空见惯的陋习吗？

【心理自测】 心理健康症状自评

"症状自评量表—SCL90"是世界上最著名的心理健康测试量表之一，由德若伽提斯（L. R. Derogatis）于1975年编制，是当前使用最为广泛的精神障碍和心理疾病门诊检查量表，将协助你从10个方面来了解自己的心理健康程度。本测验适用对象为16岁以上的用户。

以下条目中（见下表）列出了有些人可能有的病痛或问题，请仔细阅读每一条，然后根据最近一个星期内下列问题影响你或使你感到苦恼的程度，实事求是地在每题题号内只选择一个适合你的答案，写上相应的序号。

请你采用5级评定：1. 没有；2. 很轻；3. 中等程度；4. 偏重；5. 严重。

序号	题目	级别				
		1	2	3	4	5
1	头痛					
2	神经过敏，心中不踏实					
3	头脑中有不必要的想法或字句盘旋					
4	头晕或昏倒					
5	对异性的兴趣减退					
6	对旁人求全责备					
7	感到别人能控制你的思想					
8	责怪别人制造麻烦					
9	忘性大					
10	担心自己的衣饰不整齐、仪态不端庄					
11	容易烦恼和激动					
12	胸痛					
13	害怕空旷的场所或街道					
14	感到自己精力下降、活动减慢					
15	想结束自己的生命					
16	听到旁人听不到的声音					
17	发抖					
18	感到大多数人都不可信任					
19	胃口不好					
20	容易哭泣					
21	同异性相处时感到害羞、不自在					
22	感到受骗、中了圈套或有人想抓你					
23	无缘无故地感觉到害怕					
24	自己不能控制地大发脾气					
25	怕单独出门					
26	经常责怪自己					

(续)

序号	题目	级别			
27	腰痛				
28	感到难以完成任务				
29	感到孤独				
30	感到苦闷				
31	过分担忧				
32	对事物不感兴趣				
33	感到害怕				
34	感情容易受到伤害				
35	旁人能知道你的私下想法				
36	感到别人不理解你、不同情你				
37	感到人们对你不友好、不喜欢你				
38	做事情必须做得很慢以保证做正确				
39	心跳得厉害				
40	恶心或胃不舒服				
41	感到比不上别人				
42	肌肉酸痛				
43	感到有人在监视你、谈论你				
44	难以入睡				
45	做事必须反复检查				
46	难以做出决定				
47	怕乘电车、公共汽车、地铁或火车				
48	呼吸困难				
49	一阵阵发冷或发热				
50	因为感到害怕而避开某些东西、场合或活动				
51	脑子变空了				
52	身体发麻或刺痛				
53	喉咙有梗塞感				

(续)

序号	题目	级别			
54	感到前途没有希望				
55	不能集中注意力				
56	感到身体的某一部分软弱无力				
57	感到紧张或容易紧张				
58	感到手或脚发重				
59	感到死亡的事				
60	吃得太多				
61	当别人看着你或谈论你时感到不自在				
62	有一些属于你自己的看法				
63	有想打人或伤害他人的冲动				
64	醒得太早				
65	必须反复洗手、点数目或触摸某些东西				
66	睡得不深				
67	有想摔坏或破坏东西的冲动				
68	有一些别人没有的想法或念头				
69	感到对别人神经过敏				
70	在商场、电影院等人多的地方感到不自在				
71	感到做任何事情都很困难				
72	一阵阵恐惧或惊恐				
73	感到在公共场合吃东西很不舒服				
74	经常与人争论				
75	单独一个人时神经很紧张				
76	别人对你的成绩没有做出恰当的评论				
77	即使和别人在一起也感到孤独				
78	感到坐立不安、心神不定				

(续)

序号	题目	级别				
79	感到自己没有什么价值					
80	感到熟悉的东西变陌生或不像真的					
81	大叫或摔东西					
82	害怕会在公共场合昏倒					
83	感到别人想占你便宜					
84	为一些有关"性"的想法而苦恼					
85	你认为应该因为自己的过错而受惩罚					
86	感到要赶快把事情做完					
87	感到自己的身体有严重问题					
88	从未感到和其他人亲近					
89	感到自己有罪					
90	感到自己的脑子有毛病					

测验答卷纸

F1		F2		F3		F4		F5		F6	
项目	评分	项目	评分	项目	评分	项目	评分	项目	评分	项目	评分
1		3		6		5		2		11	
4		9		21		14		17		24	
12		10		34		15		23		63	
27		28		36		20		33		67	
40		38		37		22		39		74	
42		45		41		26		57		81	
48		46		61		29		72			
49		51		69		30		78			
52		55		73		31		80			
53		65				32		86			
56						54					
58						71					
						79					
合计		合计		合计		合计		合计		合计	

F7		F8		F9		F10		结果处理		
项目	评分	项目	评分	项目	评分	项目	评分	因素项	分数/项目数	T分
13		8		7		19		F1	/12	
25		18		16		44		F2	/10	
47		43		35		59		F3	/9	
50		68		62		60		F4	/13	
70		76		77		64		F5	/10	
75		83		84		66		F6	/6	
82				85		89		F7	/7	
				87				F8	/6	
				88				F9	/10	
				90				F10	/7	
合计		合计		合计		合计				

注：表中的 F1、F2……分别表示因子1（躯体化）、因子2（强迫）……为的是避免被试人的敏感。此外，T分，为标准分，计算方法为某因子的合计分除以某因子的题目数。如：若"敌意"一项合计分为6，题目数为6，则因子分为1。

统计指标：

统计指标主要有以下各项，最常用的是总分、因子分和标准分。

1. 总分：90个单项分相加之和。

2. 因子分：共包括9个因子，其因子名称及所包含项目为：

（1）躯体化：包括1、4、12、27、40、42、48、49、52、53、56和58，共12项。该因子主要反映主观的身体不适感。

（2）强迫症状：3、9、10、28、38、45、46、51、55和65，共10项。反映临床上的强迫症状群。

（3）人际关系敏感：包括6、21、34、36、37、41、61、69和73，共

9项。主要指某些个人不自在感和自卑感,尤其是在与其他人相比较时更突出。

(4) 抑郁:包括5、14、15、20、22、26、29、30、31、32、54、71和79,共13项。反映与临床上抑郁症状群相联系的广泛的概念。

(5) 焦虑:包括2、17、23、33、39、57、72、78、80和86,共10个项目。指在临床上明显与焦虑症状群相联系的精神症状及体验。

(6) 敌对:包括11、24、63、67、74和81,共6项。主要从思维、情感及行为三方面来反映病人的敌对表现。

(7) 恐怖:包括13、25、47、50、70、75和82,共7项。它与传统的恐怖状态或广场恐怖所反映的内容基本一致。

(8) 偏执:包括8、18、43、68、76和83,共6项。主要是指猜疑和关系妄想等。

(9) 精神病性:包括7、16、35、62、77、84、85、87、88和90,共10项。其中幻听、思维播散、被洞悉感等反映精神分裂样症状项目。

(10) 19、44、59、60、64、66及89共7个项目,未能归入上述因子,它们主要反映睡眠及饮食情况。

3. 标准分:为所有因子分的合计。

统计结果:

1. 按中国常模结果。

● 如果你的总分超过160分,因子分超过2分,就应做进一步检查;

● 标准分大于200分,说明你有很明显的心理问题,可求助于心理咨询;

● 标准分大于250分则比较严重,需要做医学上的详细检查,很可能要做针对性的心理治疗或在医生的指导下服药。

2. 因子统计结果包括9个因子,每个因子反映出个体某方面的症状情况,通过因子分可了解症状分布特点。当个体在某一因子的得分大于2时,即超出正常均分,则个体在该方面就很有可能有心理健康方面的问题。

(1) 躯体化。

主要反映身体不适感，包括心血管、胃肠道、呼吸和其他系统的不适，头痛、背痛、肌肉酸痛，以及焦虑等躯体不适表现。

该分量表的得分在 0~48 分之间。得分在 24 分以上，表明个体在身体上有较明显的不适感，并常伴有头痛、肌肉酸痛等症状；得分在 12 分以下，躯体症状表现不明显。总的说来，得分越高，躯体的不适感越强；得分越低，症状体验越不明显。

(2) 强迫症状。

主要指那些明知没有必要，但又无法摆脱的无意义的思想和行为，还有一些比较一般的认知障碍的行为征兆也在这一因子中反映。

该分量表的得分在 0~40 分之间。得分在 20 分以上，强迫症状较明显；得分在 10 分以下，强迫症状不明显。总的说来，得分越高，表明个体越无法摆脱一些无意义的行为、思想和冲动，并可能表现出一些认知障碍的行为征兆；得分越低，表明个体在此种症状上表现越不明显，没有出现强迫行为。

(3) 人际关系敏感。

主要是指某些人际的不自在与自卑感，特别是与其他人相比较时更加突出。在人际交往中的自卑感、心神不安、明显的不自在，以及人际交流中的不良自我暗示、消极的期待等是这方面症状的典型原因。

该分量表的得分在 0~36 分之间。得分在 18 分以上，表明个体人际关系较为敏感，人际交往中自卑感较强，并伴有行为症状（如坐立不安、退缩等）；得分在 9 分以下，表明个体在人际关系上较为正常。总的说来，得分越高，个体在人际交往中表现的问题就越多，自卑、自我中心越突出，并且已表现出消极的期待；得分越低，个体在人际关系上越能应付自如，人际交流自信、胸有成竹，并抱有积极的期待。

(4) 抑郁。

苦闷的情感与心境为代表性症状，以生活兴趣的减退、动力缺乏、活力丧失等为特征，还表现出失望、悲观以及与抑郁相联系的认知和躯体方面的感受，另外还包括有关死亡的思想和自杀观念。

该分量表的得分在 0~52 分之间。得分在 26 分以上，表明个体的抑郁程度较强，生活缺乏足够的兴趣，缺乏运动活力，极端情况下，可能会有想死亡的思想和自杀的观念；得分在 13 分以下，表明个体抑郁程度较弱，生活态度乐观积极，充满活力，心境愉快。总的说来，得分越高，抑郁程度越明显；得分越低，抑郁程度越不明显。

（5）焦虑。

一般指那些烦躁、坐立不安、神经过敏、紧张以及由此产生的躯体征象，如震颤等。

该分量表的得分在 0~40 分之间。得分在 20 分以上，表明个体较易焦虑，易表现出烦躁、不安静和神经过敏，极端时可能导致惊恐发作；得分在 10 分以下，表明个体不易焦虑，易表现出安定的状态。总的说来，得分越高，焦虑表现越明显；得分越低，越不会导致焦虑。

（6）敌对。

主要从三方面来反映敌对的表现：思想、感情及行为。其项目包括厌烦的感觉、摔物、争论直到不可控制的脾气爆发等各方面。

该分量表的得分在 0~24 分之间。得分在 12 分以上，表明个体易表现出敌对的思想、情感和行为；得分在 6 分以下，表明个体容易表现出友好的思想、情感和行为。总的说来，得分越高，个体越容易敌对，好争论，脾气难以控制；得分越低，个体的脾气越温和，待人友好，不喜欢争论，无破坏行为。

（7）恐怖。

恐惧的对象包括出门旅行、空旷场地、人群或公共场所和交通工具。此外，还有社交恐怖。

该分量表的得分在 0~28 分之间。得分在 14 分以上，表明个体恐怖症状较为明显，常表现出社交、广场和人群恐惧；得分在 7 分以下，表明个体的恐怖症状不明显。总的说来，得分越高，个体越容易对一些场所和物体发生恐惧，并伴有明显的躯体症状；得分越低，个体越不易产生恐怖心理，越能正常地交往和活动。

（8）偏执。

主要指投射性思维，即敌对、猜疑、妄想、被动体验和夸大等。

该分量表的得分在0～24分之间。得分在12分以上，表明个体的偏执症状明显，较易猜疑和敌对；得分在6分以下，表明个体的偏执症状不明显。总的说来，得分越高，个体越易偏执，表现出投射性的思维和妄想；得分越低，个体思维越不易走极端。

（9）精神病性。

反映各式各样的急性症状和行为，即限定不严的精神病性过程的症状表现。

该分量表的得分在0～40分之间。得分在20分以上，表明个体的精神病性症状较为明显；得分在10分以下，表明个体的精神病性症状不明显。总的说来，得分越高，越多地表现出精神病性症状和行为；得分越低，就越少表现出这些症状和行为。

（10）其他项目。

作为附加项目或其他，作为第10个因子来处理，以便使各因子分之和等于总分。

第二章
一切从心开始

- 心平气和、顺其自然,才能从"奴隶"到"将军"。
- 很多中层正经历亚健康的痛苦,这与心态直接相关。
- 怎样的心态,决定了怎样的生活。

同样的现象，因为你的心态不同，也会有不同的判断。不同的判断，导致不同的后果。

真正能打败自己的，只有我们自己。只有能够克制住自己，才不会让自己陷入失败的危机。

中层处境，不外乎"上压、下顶、左攻、右挤"，都是十分自然的现象，需要中层在心态上加以调整，这样才能心平气和，正确把握，顺其自然，从"奴隶"到"将军"。

所以，中层的困惑的大部分原因其实在于没有调整好自己的心态。

一、一切由"心"定

在一个大雪纷飞的夜里，一个骑士骑马飞快地穿过一片白雪皑皑的平地，来到了一个屋子前，他想下马来休息一下。这时候，屋里的灯光亮了，一位老人走出屋子，老人看到这个骑士之后很惊讶，问道："你是怎么到达这里的？"

骑士指向身后一望无际的平地，回答："我着急赶路，就骑着马，从那里一直快马加鞭地过来了啊。"老人顿时脸色惨白，说："哎呀，你可知道你身后的那个所谓的平原，是一个刚结冰的大湖，随时都有落入冰冷深水的可能，几年前落水了几批商客，没有一个能爬上来，所以这几年就没有人敢在这个湖面上走，更何况你今天是策马而来，太可怕了！"老人话刚说完，骑士就吓得"砰"的一声倒地，再也没有醒来。

"万法由心生，万事由心灭"，这个世界是"心"的世界，一切唯心造，三界唯心所现。对于骑士，生死只在一念之间。

"感时花溅泪，恨别鸟惊心。"当一个人有所感的时候，看到花都会掉泪；有离别之恨的时候，听到鸟叫都会心惊胆战。

有一位哲人曾经说过："心若改变，你的态度跟着改变；态度改变，你的习惯跟着改变；习惯改变，你的性格跟着改变；性格改变，你的人生跟着改变。"

选择的自由是一份成长的自由，这是人与动物的区别。人的一生，并不在于你面临什么样的处境，而在于你选择做什么样的人。

所以，一切都是由你的"心"来决定的。

二、关于心态的几个心理学实验

人类很早就开始向神秘的内心世界发起挑战。心理实验就是进行心理探险的最重要的工具，它是打通外在行为与内在世界的重要途径。

有一组关于人们心态的心理实验，耐人寻味、发人深省、令人感慨，假如你静下心来，细细品味这些实验，不难感悟到人类心态伟大的力量。

1. 硬币实验

一位心理学家将一名受试者带到一个空房间中，这个时候隔壁房间里传来惨叫声，受试者好奇地问这是怎么回事，医生回答："我们这里正在做一个实验，来检测一下人忍受疼痛的限度是什么，我来带你看看。"

心理学家把受试者带到了隔壁房间，隔着一面大玻璃让受试者观看所有的测试过程。受试者看到又进来一个人，被牢牢捆在椅子上，一位医生用火钳从旁边的火炉中夹出一个烧红的硬币，然后把这枚硬币放到捆着的人的手臂上。只听"哧啦"一声，手臂冒出一缕轻烟，椅子上的人扭动着身体，发出撕心裂肺的叫喊。实验结束后，坐在椅子上的人跟跟跄跄走了下来，一手扶着烧伤的手臂，一个硬币大小、烧焦的伤痕赫然出现在手臂上。

心理学家让这名受试者连续看了几个相同的实验后，将受试者领到实验室中，把他也牢牢捆在椅子上。然后，从炉中夹出一枚同样烧红的硬币说："我也要把这枚烧红的硬币放到你的手臂上。"

随后受试者感到有一个滚烫的物体落到了自己的手臂上，他大声叫了起来。这时候，心理学家惊讶地发现，受试者的手臂上出现了一个硬币大小的烧伤疤痕。

实际上，受试者之前看到的实验都不是真的，烧伤、惨叫统统是表演。最后落在这名受试者手臂上的硬币也被心理学家偷梁换柱，用了一枚热水烫过之后的硬币替代了烧红的硬币，不可能烧伤皮肤。

那么，受试者这个烧伤的伤疤又是从何而来呢？心理学家经过分析之后得出结论：这个伤疤不是实际的烧伤，而是自己的精神和意识使肉体烧伤，因为精神和意识认为肉体应该被烧伤了，所以肉体就真的被"烧伤"了。

2. 弗洛姆过独木桥实验

弗洛姆是美国一位著名的心理学教授，一次他带领他的几个学生来到一间昏暗的房子里，对学生们说："大家跟我走。"随后在教授的带领下，学生们感觉走上了一座桥，然后来到了一块空地。

站好了之后，弗洛姆教授打开房间里一盏黄色的灯，在这昏黄的灯光下，学生们才看清楚房间的布置，很多人吓出一身冷汗。原来，刚才大家走过的是一座看起来并不结实的独木桥，桥下面有一个很大的水池，池子里蠕动着各种毒蛇，包括大蟒蛇和眼镜蛇，有好几条毒蛇正高高地昂着头，朝他们嘶嘶地吐着信子。

弗洛姆看着学生们，问："现在，你们还愿意再次走过这座桥吗？"大家你看看我，我看看你，都不做声。

过了片刻，终于有三个学生犹犹豫豫地站了出来。第一个学生一上去，就异常小心地挪动着双脚，速度比第一次慢了很多；第二个学生战战兢兢地踩在小木桥上，身子不由自主地颤抖着，才走到一半，就挺不住了；第三个学生干脆弯下身来，慢慢地趴在小桥上爬了过去。

弗洛姆又打开了房内另外几盏灯，强烈的灯光一下子把整个房间照耀得如同白昼。学生们揉揉眼睛再仔细看，才发现在小木桥的下方装着一道安全网，只是因为网线的颜色是黄色的，在刚才黄色的灯光下都没有看出来。弗洛姆大声地问："你们当中还有谁愿意现在就通过这座小桥？"

学生们没有做声。

"你们为什么不愿意呢？"弗洛姆问道。

"这张安全网的质量可靠吗？"学生心有余悸地反问。

弗洛姆笑了："我可以解答你们的疑问了，这座桥本来不难走，可是桥下的毒蛇对你们造成了心理威慑，于是，你们就失去了平静的心态，乱了方寸，慌了手脚，表现出各种程度的胆怯。"

3. 死刑犯之死实验

一位心理学家来到一所关押死刑犯的监狱，找到一位即将被执行死刑的犯人，在征得本人及监狱同意之后，心理学家做了一个实验：

他首先将死刑犯关进一间漆黑的狱室里，过了一会，他拿出了一个钝的铁片，告诉死刑犯："我要用刀片把你的静脉割破，让你的血慢慢地流出来。"然后心理学家就用铁片在死刑犯的手腕上割了一下，并把一个铁盆放在了手腕的下方。

心理学家的助手随后把房间的水龙头打开，让水一滴一滴地流出来，"滴答滴答"的声音打破了狱室的寂静。

第二天，心理学家来到狱室，死刑犯脸色苍白，已经死亡。心理学家所用的铁片根本没有割破死刑犯的皮肤，他一滴血都没流出来，死刑犯是被吓死的，他以为"滴答滴答"的声音是自己在滴血。

4. 斯坦福监狱实验

1971年，斯坦福大学的津巴多教授把学校一个地下室改装成了模拟的监狱,并找来了一些志愿者参加实验。津巴多想通过这个监狱实验,看看人在自己角色发生重大转变之后,随着时间的推移会不会对心理产生重大的影响。

教授把志愿者分成两组,一组在实验中的角色是狱警,另一组在实验中的角色是囚犯。为了让参加实验的志愿者感到真实,两组所处的环境、穿的衣服、使用的用品等都是完全按照监狱标准来准备的。

扮演狱警的一组,统一发放警服、警徽、警棍等用品,坐在监狱的办公室中,看着各个监控影像,并按照实验要求,对"囚犯"进行入狱需知的讲解。

扮演囚犯的一组人,被警车带入监狱,入狱之前像正常囚犯一样,每个人要照相建档案、冲洗身体、剃光头发、发统一囚服等,然后被关进两人一间的囚室。"囚犯"在进餐、休息和熄灯后必须保持沉默,彼此之间只能称呼号码,如违反监狱管理规定要被惩罚,见到"狱警"要称呼"长官"等。

第一天,大家相安无事,平静地度过了,到了第二天,有几个"囚犯"不愿意称呼"狱警"为"长官","狱警"马上进行了镇压,不仅收了这几个"囚犯"的衣服,还把闹事的带头人关了禁闭。

从这时候开始,"狱警"就开始不停地对"囚犯"进行攻击,不久,"囚犯"为了保全自己,开始盲目地服从"狱警"。慢慢的,参加实验的人,对自己之前的身份开始模糊,他们开始感觉自己成了扮演的那个人,"狱警"的扮演者开始嘲弄和虐待"囚犯",造成了双方不断发生冲突。

这个实验在外界的干预下只持续了6天,实验结束之后,扮演狱警的人当中,谈到参加实验感受的时候说,他们很享受实验,他们喜欢去羞辱和虐待囚犯,而这些人在现实中都是老实人。与此同时,扮演囚犯的志愿者情绪面临崩溃,纷纷表示无法忍受。

斯坦福监狱实验被称为最经典的社会心理学实验,这个实验证明了环境对人行为的巨大影响力。

以上几个心理学实验至少可以证明：

- 精神对肉体有绝对的支配能力，可以使肉体在某种情况下做出难以想象的反应，肉体只是精神的奴隶，或者说是一种工具而已；
- 心态可以影响甚至完全控制人们的行为，改变人的能力；
- 心态可以影响人们的身体健康，甚至死亡；
- 心态可以受到自我暗示和环境的暗示，从而改变。

所以，只要你不去想负面的事情，而选择有积极性、正面性、建设性的事情，你就可以左右自己的命运。

三、提升你的"心灵能量"

人体是一个复杂的系统，是一个多维网状结构的结点，不断地与外界进行着物质、能量和信息的交换。

你的心态正是你与外界沟通的"海关"，有什么样的物质、能量、信息进出，将影响到你的身体健康、你的情感感受，以及与你相关的一切。今天，大量中层精英正经历亚健康的痛苦，可以说这些都与人的心态直接相关。

同时，心态这个"海关"能帮助你对进出你身体的物质、能量、信息进行真、善、美等有价值的选择，提升你的"心灵能量"。

"心灵能量"是可以互相传递与相互影响的。如果我们时时让心灵的信念维持在正向的角度、在阳光照耀的地方，不仅可以让自己更健康，也可以帮助身边的人迎向阳光。

因此，怎样的心态，决定了怎样的生活。这一切都要从心开始。

【心理自测】自我控制测试

《自我控制量表》为常用量表,本量表(见下表)由相关应用测试量表修订而来。

本测试可以评估你自我控制的能力结果。请阅读以下的问题,并根据提示的标准打"√"。

序号	题目	非常像我	部分像我	有一些像我	不太像我	大部分不像我	完全不像我
1	当我在做很无聊的工作时,我会去想这个工作较不无聊的部分,以及做完时我可以得到报酬						
2	当我必须去做一些令我紧张的事情时,我会试着告诉自己如何去克服它						
3	在改变自己的思考模式时,我通常都会改变自己对于许多事情的感觉						
4	我觉得在没有外援的情况下,要克服自己的紧张和压力通常是相当困难的						
5	当我觉得沮丧时,会试着去想一些愉快的事						
6	我无法不去想我所犯下的错误						
7	当我面临困难问题时,我会试着用有系统的方式去处理						

(续)

序号	题目	非常像我	部分像我	有一些像我	不太像我	大部分不像我	完全不像我
8	当别人给我压力时，我会比较快地把事情做好						
9	当我面对困难的抉择时，我总是喜欢将它拖延到最后						
10	当我在读书时无法集中注意力，我会去找一些增加注意力的方法						
11	当我开始工作时，我会将与工作无关的一切事情排开						
12	当我想要戒掉坏习惯时，首先会试着找出所有形成坏习惯的理由						
13	当有不快乐的想法困扰我时，我会试着去想一些快乐的事情						
14	如果我一天抽两包烟，我需要外来的力量帮助我戒烟						
15	当我感到沮丧时，我会做些快乐的事改变自己的心情						
16	如果我有镇静剂，在感到紧张或压力时我会服用						
17	当我沮丧的时候，我会试着让自己忙碌于喜欢的事						
18	对于不喜欢的任务，即使可以马上做的，我还是会倾向延后去做						

(续)

序号	题目	非常像我	部分像我	有一些像我	不太像我	大部分不像我	完全不像我
19	我需要一些外在的帮助来改掉坏习惯						
20	当我发现事情很难做好时,我会寻找一些方法来做好它						
21	虽然让我觉得不舒服,我还是无法不去想一件事情可能会产生的不好的结果						
22	我喜欢去完成那些在开始做之前我就喜欢的工作						
23	当我身体不舒服时我都试着不去想它						
24	当我能克服坏习惯的时候,我的自我评价就会增加						
25	要克服伴随着失败而来的坏心情,我通常会告诉自己这不是结局,我还可以再做任何事情						
26	当我发觉我太冲动时,会告诉自己在做事情前先停下来想一下						
27	即使我对某个人相当生气,我还是会相当小心自己的行为						

(续)

序号	题目	非常像我	部分像我	有一些像我	不太像我	大部分不像我	完全不像我
28	在需要抉择的时候，我通常会思考不同的方法，而不会迅速地决定						
29	通常我会先做我喜欢的事，即使当时有紧急的事情必须做						
30	当我发现赴一个重要约会快要迟到时，我会告诉自己冷静下来						
31	当我觉得自己身体不舒服时，我会试着将思绪从其中转移						
32	当我手边有很多事情要做时，我通常会有工作计划						
33	当我的钱剩下不多时，我会更小心地预算并记录花费情形						
34	如果我无法集中精神在一项任务上，我会将它分成一小段一小段来做						
35	我经常无法克服一些不愉快的感觉						
36	当我饿了而没有东西吃时，我会将我的思绪抽离此事或是想象自己已经很饱了						

记分规则

非常像我	部分像我	有一些像我	不太像我	大部分不像我	完全不像我
3	2	1	−1	−2	−3

首先，按照上表将各题赋予相应的分数。

其次，将第4、6、8、9、14、16、18、19、21、29、35题的得分颠倒。也就是将正分数改变为负分数（例如3变成−3，2变成−2，1变成−1），负分数改成正分数。

最后，将所有项目的得分加起来，就是你的自我控制分数。

自我控制测试的得分是在−108到108分之间，分数越高，代表自我控制的能力及程度越好。大部分的样本得分的中位数是在23到27分之间，平均的得分是25分（标准差为20）。

若你的得分低于平均分数25分，你可能要通过相关的方式方法帮助你增加自我控制的程度。如果你的得分是5或更低，这样低的自我控制程度会让你从事的管理工作出现问题，你可以寻求心理专业机构来探究怎样改变才好。

第三章

心态修炼模式

- 中层要培养一种面对过去和未来的推动能力。
- 中层更应该注重的是人际与情绪技能。
- 在中层的成长过程中,自我管理特别是心态的管理尤为重要。

一、企业中层四种人

在企业里,中层这个群体,按照知识能力维度及工作态度的维度,可以分为四种类型(见图3-1):能力高态度好的中坚力量、能力低态度好的中肩力量、能力高态度差的中艰力量、能力低态度差的中煎力量。

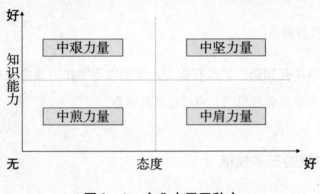

图3-1 企业中层四种人

1. 中坚力量

态度端正,有知识、有能力,是企业的中坚力量。他们能理解战略并准确地向下分解,保证战略的执行,带领一个团队出业绩。这种中层管理人员任劳任怨、很坚强。

2. 中肩力量

态度端正,但知识能力欠缺,可以通过学习去提高,可以通过实践去磨炼,"任怨"但不一定"任劳"。这部分群体至少能支撑起企业的"腰",是企业的"中肩"力量。这种中层管理人员扮演着"夹心饼干"的角色。

3. 中艰力量

有知识、有能力，但主观能动性不强、心态不正，"任劳"但不"任怨"，总是抱怨、发牢骚，一副怀才不遇的痛苦状，是企业的"中艰"力量。这种中层管理人员非常容易堕落为底层，即使业绩好，也很难让上司看重。

4. 中煎力量

这种人既没有知识，又没有能力，态度也不端正，是企业的"中煎"力量，即使不被企业赶出门，自己也备受煎熬。

二、中层的三种技能

中层和高层领导、基层员工相比，最大的优势是作为组织的"中枢"，承上启下、承前启后、承点启面。那么，中层要怎样培养面对过去和未来的推动能力呢？

一般来说，我们一生需要的技能主要包括三个方面：

1. 专业背景

专业背景与管理者所从事的专业领域或管理专业知识密切相关，是一个人在专业上的深度和经验的总和。比如营销、财务、技术等方面的专业知识。

2. 人际与情绪技能

无论哪种层次的管理者，都需要与人打交道，学会人际沟通等方面技巧，以及在对情绪的控制和心理调适方面的技术，这是与人合作必须的能力。

3. 概念技能

概念技能即跳出画面看画、透过现象看本质、纵览全局等能力。

在企业和组织中,高、中、低管理层次与技能的对应关系如图3-2所示。

需要说明的是,每个层次都需要三方面技能,但各有所侧重,其中高层更注重概念技能,中层管理者更注重人际与情绪技能,基层员工更注重专业技术的技能。

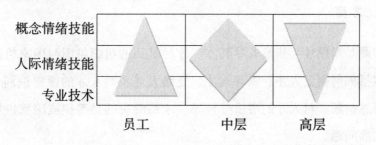

图3-2 高、中、低管理层次与技能的对应关系

三、中层成事靠三"商"

通常,人成事有三个基本层次:第一个层次主要靠个人能力,第二个层次主要靠团队,第三个层次主要靠组织。

与之相对应,广义地说,人和组织的能力水平也可以用"商"来表示:智商、情商、才商。

1. 智商

智商是与生俱来的、对信息的处理能力的一种可能性。智商高者人聪明,例如爱因斯坦。当然,智商高者能解决的只是点的问题。

2. 情商

情商指情绪控制能力与人际能力。前者就是该说的话一定要说,该做的事就一定要做;不该说的话就一定不要说,不该做的事一定不要做。人际能力包括人际沟通能力、人际开拓能力和人际维护能力。情商高者能解决线和面上的问题。个人或组织的情商主要表现在成事的第二、第三个层次上。

3. 才商

才商是指设计与建设人尽其才、才尽其用的组织氛围与国家机制的能力,包括如何察觉人才、领导人才、笼络人才及对人才的德智识别、对人才的情感判断、对人才的潜质分析等。才商解决的是组织或国家进程变革所面临的问题。

所以,智商是社会知识在人类个体的累计。这种累计再还原于社会,使交往的人群都能体会到,就是情商。在别人体会个体的情商时,形成一种偏向,影响每个人并且使每一个人能力充分发挥,就是才商。

四、心态修炼由内而外

在中层的成长过程中,中层的自我管理,特别是中层心态的管理尤为重要。知识和能力的提升比较容易,但是心态的转变就需要一个过程。

除了专业层面之外,中层要在四个层面进行心态的修炼:

1. 体验认知层面

通过心理活动(如形成概念、知觉、判断或想象),了解自己以及自己心态的根源,纠正认知偏差。比如有的中层会有这样的感觉,觉得"这个人我不喜欢"。这其实是一种先入为主的偏见。为什么会出现这种状况?

就是因为对自己的情绪没有很好的自我感知。

推荐修炼心态：活在当下。

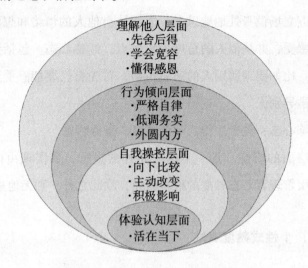

图3-3　心态修炼的四个层面

2. 自我操控层面

通过本身意志操控，自己要求自己，变被动为主动，自觉地遵循新的观念，控制和把控自己的心态。不是指哪些事能管，更多的是指自我心理活动的控制。分析什么会导致自己的这种情绪，做自我心理调节。

推荐修炼心态：向下比较、主动改变、积极影响。

3. 行为倾向层面

通过对自己采取行动前的一种准备状态的强化，来调整心态。任何行为都会带着目的和企图，其倾向会通过语言和肢体语言被受众感知到。如，我们对获取个人利益的企图心太强、占有欲太强，明显就会被认为是自私心态。

推荐修炼心态：严格自律、低调务实、外圆内方。

4. 理解他人层面

站在对方立场设身处地地思考，能够体会他人的情绪和想法、理解他人的立场和感受，并从他人的角度为出发点，调整心态。包括要理解高层和理解基层。比如要理解别人的悲哀情绪，首先自己要能感受到悲哀，从自己的感受推导别人。

推荐修炼心态：先舍后得、学会宽容、懂得感恩。

这四个层面的修炼，是一个由内而外的过程，是实现由内而外的改变，这是中层管理者心态转变的根本路径，除此之外，别无他途。

【心理自测】 个性成熟度测试

个性的成熟度，并不随着人的年龄的增加而自然成熟。相反，年龄的增加可能给个性的成熟造成难度，或者是导致个性的变化或者优化变得更加难以实现。《个性成熟度量表》为常用量表，本量表由相关应用测试量表修订而来。

下面有25道题，每道题都有5个备选答案。请你根据自己的真实情况，在题目下面圈出相应的字母，每题只能选择一个答案。请注意这是测验你的真实想法和做法，而不是问你哪个答案最正确。因此请不要猜测"正确的"答案，以免测验结果失真。

1. 我所在单位的领导对待我的态度是：
   A. 老是吹毛求疵地批评我；
   B. 只要有一点不对，马上就批评我，从不表扬我；
   C. 只要我不太出格，他们就不会指责我；
   D. 他们说我工作和学习还是认真的；
   E. 我有错误他们固然要批评，我有成绩他们也会表扬我。

2. 如果我在比赛中输了，通常的做法是：
   A. 找出输的原因，提高技术，争取下次赢；

B. 对获得胜利的一方表示钦佩；

C. 认为对方没啥了不起，在别的方面自己（或自己一方）比对方强；

D. 认为对方这次赢的原因不足为奇，很快就忘记了；

E. 认为对方这次赢的原因是运气好，如果自己运气好的话也会赢对方。

3. 当生活中遇到重大挫折（如失恋）时，我便会感到：

A. 这辈子算完了；

B. 也许能在其他方面获得成功，予以补偿；

C. 不甘心失败，决不惜付出任何代价，一定要实现自己的愿望；

D. 没什么大不了的，我可以调整自己的计划或目标；

E. 自己本来就不应当抱有这样高的期望或抱负。

4. 别人喜欢我的程度是：

A. 某些人很喜欢我，另一些人一点也不喜欢我；

B. 一般人都有点喜欢我，但不以我为知己；

C. 谁也不喜欢我；

D. 大多数人都在一定程度上喜欢我；

E. 我不了解别人的看法。

5. 我对谈论自己失败经历的态度是：

A. 只要有人对我失败的经历感兴趣，我就告诉他；

B. 如果在谈话中涉及，我就无所顾忌地说出来；

C. 我不愿让别人怜悯自己，因此很少谈自己失败的经历；

D. 为了维护自尊，我从不谈自己失败的经历；

E. 我感到自己似乎没有遇到过什么失败。

6. 在一般情况下，与我意见不相同的人都是：

A. 想法怪僻、难以理解的人；

B. 没什么文化知识修养的人；

C. 有相当理由坚持自己看法的人；

D. 生活阅历和我不同的人；

E. 素养比我高的人。

7. 我喜欢在游戏或竞赛中遇到的对手是：

   A. 技艺很高超的人，使我有机会向他学习；

   B. 比我技艺略高些的人，这样玩起来更有劲；

   C. 技术稍逊于我的人，这样我可以总是赢他，显示自己的实力；

   D. 和我的技术不相上下的人，在平等的情况下最有益于展开竞争；

   E. 一个有比赛道德的人，不管他的技术水平如何。

8. 我喜欢的社会环境是：

   A. 比现在更安宁、平静的社会环境；

   B. 就像现在这样的社会环境就很好；

   C. 正向好的方面发展的社会环境；

   D. 变化剧烈的社会环境，使我能利用这个机会发展自己；

   E. 比现在更富足的社会环境。

9. 我对待争论的态度是：

   A. 随时准备进行激烈的争论；

   B. 只对自己感兴趣的问题才争论；

   C. 我很少与人争论，喜欢自己独立思考各种观点的利弊；

   D. 我不喜欢争论，尽量避免；

   E. 无所谓。

10. 受到别人指责时，我通常的反应是：

    A. 分析别人为什么指责我，自己在哪些地方有错；

    B. 保持沉默毫不在意，过后置之脑后；

    C. 也对他进行指责；

    D. 尽量照别人的意思去做；

E. 如果我认为自己是对的，就为自己辩护。

11. 我认为亲友的帮助对一个人事业成功的影响是：

    A. 总是有害的，这会使他在无人帮助的时候面对困难而一筹莫展；

    B. 通常是弊大于利，常常帮倒忙；

    C. 有时会有帮助，但这不是最主要的；

    D. 为了获得事业成功，这是必需的；

    E. 对一个人起步时有帮助。

12. 我认为对待社会生活环境的正确态度是：

    A. 使自己适应周围的社会生活环境；

    B. 尽量利用生活环境中的有利因素发展自己；

    C. 改造生活环境中的不良因素，使生活环境变好；

    D. 遇到不良的社会生活环境，就下决心脱离这个环境，争取调到别的地方去；

    E. 好死不如赖活，不管周围生活环境是好是坏。

13. 我对死亡的态度是：

    A. 从来不考虑死的问题；

    B. 经常想到死，但对死不十分惧怕；

    C. 把死看做自然现象，但平时很少想到；

    D. 每次想到死就毛骨悚然；

    E. 不但不怕，反而认为自己死了是解脱。

14. 为了让别人对自己有好印象，我的做法是：

    A. 在未见面时就做准备；

    B. 虽很少预先准备，但在见面时提醒自己应给人留下一个好印象；

    C. 懒得考虑给人一个好印象；

    D. 我从来不做预先准备，也讨厌别人掩盖自己的本来面目；

E. 为了工作和生活上的特殊需要，有时应认真考虑如何给人以好的印象。

15. 我认为要使自己生活得愉快而有意义，就必须生活在：

    A. 天然关系融洽的亲友们中间；

    B. 有学识的人们中间；

    C. 志同道合的同志们中间；

    D. 人数众多的亲戚、同学和同事们中间；

    E. 生活在什么人中间都一样。

16. 在工作或学习中遇到困难时，我通常是：

    A. 向比我懂得多的任何人请教；

    B. 只向我的亲密朋友请教；

    C. 我总是尽自己的最大努力去独立解决，实在不行，才去请求别人的帮助；

    D. 我只是咬紧牙关不请求别人来帮助；

    E. 我没发现可以请教的人。

17. 当亲人错怪我时，我通常：

    A. 心里憋气，但不吱声；

    B. 为了家庭和睦，违心地承认自己做错了事；

    C. 当即发火，并进行争论，以维护自己的自尊；

    D. 克制自己，耐心地解释和说明；

    E. 一笑了之，从不放在心上。

18. 在与别人的交往中，我通常是：

    A. 喜欢故意引起别人对自己的注意；

    B. 希望别人注意我，但又想不明显地表示出来；

    C. 喜欢别人注意我，但并不刻意去追求这一点；

    D. 不喜欢别人注意我；

    E. 对于是否会引人注意，我从不在乎。

19. 外表对我来说:

    A. 非常重要,常花很多时间修饰自己的外表;

    B. 比较重要,常花不多的时间修饰;

    C. 不重要,只要让人看得过去就行了;

    D. 完全没有意义,我从不修饰自己的外表;

    E. 重要是重要,但实际上花时间不多。

20. 我喜欢经常交往的人通常是:

    A. 异性,因为他们与我更合得来;

    B. 同性,因为我和他们更容易相处;

    C. 和我合得来的人,不管他们与我的性别是否相同;

    D. 我不喜欢与家庭以外的人多交往;

    E. 我只喜欢与少数合得来的同性朋友交往。

21. 当我必须在大庭广众中讲话时,我总是:

    A. 因为紧张发窘而讲不清话;

    B. 尽管不习惯,但还是竭力保持神态自若的样子;

    C. 我把这看成一次考验,精神抖擞地去讲;

    D. 我喜欢出头露面,这时讲话更出色;

    E. 无论如何也要推辞,不敢去讲话。

22. 我对用看手相、测八字来算命的看法是:

    A. 我发现算命能了解过去和未来,而且很准;

    B. 算命的多数是骗子;

    C. 我不清楚算命到底是胡说,还是确有道理;

    D. 我不相信算命能预测人的过去和未来;

    E. 尽管我知道算命是迷信,但还是时常一试。

23. 在参加几个人的讨论会中,我通常是:

    A. 第一个发表意见;

    B. 我对自己了解的问题才发表看法;

C. 被点名要求的情况下,才会勉强应付一下;

D. 我从来不在小组会上发言;

E. 我虽然不带头发言,但总是要说上几句。

24. 我对社会的看法是:

A. 社会上到处都有丑恶的东西,我希望能逃避现实;

B. 在社会上生活,要想永远保持正直、清白是很难的;

C. 社会是复杂而迷人的大舞台,我很喜欢研究社会现象;

D. 不管社会如何,我只希望自己能生活得愉快;

E. 不管生活环境如何,我都要努力奋斗,无愧于自己的一生。

25. 当我在人生道路上遇到考验(如参加竞选职位)时,我总是:

A. 很兴奋,因为这是表现自己的机会;

B. 视做平常之事,因为我已经习惯了;

C. 感到有些害怕,但仍硬着头皮上;

D. 非常害怕失败,宁愿放弃尝试;

E. 听天由命吧!

个性成熟度测试计分表

题号	选项				
	A	B	C	D	E
1	−3	−2	+4	0	+6
2	+4	0	−3	+8	−4
3	−4	+10	0	+5	−3
4	0	+3	−3	+8	−2
5	−3	+8	+4	−2	0
6	−3	−2	+8	+4	0
7	−2	+6	−3	0	+8
8	−5	0	+6	+4	−3
9	−4	+8	0	−2	+3
10	+8	−4	−4	0	+4
11	−2	0	+8	−4	+6
12	−2	+4	+8	−4	+6

(续)

题号	选项				
	A	B	C	D	E
13	0	+2	+10	-4	-3
14	-1	+8	0	-3	+4
15	0	+6	+4	-2	-4
16	+8	0	+4	-2	-4
17	-1	0	-4	+8	+4
18	-2	0	+8	-3	+4
19	-2	+6	0	-3	+4
20	-2	0	+8	-3	+4
21	-1	+4	+8	+2	-4
22	-5	+3	-2	+10	0
23	0	+8	-1	-4	+4
24	-3	-2	+6	0	+10
25	+4	+8	0	-4	-1

根据你的答案，对照计分表，累计自己总的得分。计分过程中，负分数与绝对值相等的正分数可以相互抵消。这个总分就是你的个性成熟度指数。

计分表上每道题目的5个答案中，得分为正值的答案代表处理该问题的合理做法。得分越高，说明该做法越妥当，是个性成熟者的通常做法。相反，得分为负值的答案均代表了不妥当的或幼稚的做法，反映了个性的不成熟。因此，你可以观察一下你在每道题目上的得分，看看自己在哪些题目上的得分较高，处理哪些问题上较为成熟和老练；哪些题目上得了负分数，处理哪些问题时还不成熟。较为妥当的做法是哪一种。经过这样仔细的分析，你可以看出自己处理社会生活问题上的长处和短处，使自己尽快地成熟起来。

另外，总分可以用来判断一个人整体的个性成熟程度。总分越高，说明你的个性越成熟；总分越低，说明个性越不成熟。具体的个性成熟程度的划分，可参照下面的评价表。

个性成熟度评价表

总分	个性成熟程度
0 分以下	很不成熟
0～49	不大成熟
50～99	一般成熟
100～149	比较成熟
150 分以上	很成熟

如果你的测验总分在 150 分以上，这说明你是个很成熟老练的人。大凡个性成熟的人，在社会中都能游刃有余，凡事处之泰然。他们知道怎样妥善地处理个人所遇到的各种社会问题，能够准确地判断处理一个问题，哪些方式是有效的，哪些方式则会造成不良的后果，从而选择一种最佳的处理方法。他们常常成为别人请教和效仿的对象。

个性成熟的人大多有丰富的经历，有大量过去失败的或成功的经验可供借鉴。但是，个性成熟的程度并不一定与人的年龄成正比。如果测验总分在 100～149 分之间，这说明你是较为成熟的人，在大部分事情的处理上是很得体的；你能够很好地适应社会，建立起较良好的人际关系。

如果测验总分在 50～99 分之间，这说明你的个性成熟程度属于中等水平，你的个性具有两重性：一半老练，另一半幼稚，还需要在社会生活实践中慢慢磨炼。

如果测验总分在 0～49 分之间，这说明你的个性还欠成熟，你还不善于处理社会生活中的各种问题和矛盾，不善于观察影响问题的各种复杂因素，不能准确地预见自己行为的结果，还不能很好地适应复杂的社会生活。

如果你的测验总得分是负数，说明你还十分幼稚，处理社会生活问题仍不成熟。你喜欢单凭个人粗浅的直觉印象和一时的感情行事，冲动、莽撞、不识大体。或者相反，即遇事退缩不前，害怕出头露面，孤独而自卑。你容易得罪人，也容易被人欺骗，在社会生活中到处碰壁，无法实现自己的理想和目标。这与现代社会生活的要求很不适应，你必须设法使自己尽快地成熟起来。

第四章
活在当下——学会享受过程

- "在适当的时候做适当的事情",更容易成为赢家。
- 岗位变换后,中层无法面对身份的转变,还是把自己定位于过去,就会变得消极。
- 作为中层管理者,应该做到未雨绸缪,但不能成为"沙鼠"。

某公司对两个业绩出色的部门经理进行年终奖励去海南旅游,回来之后,领导问他们:"这次旅行有什么感受?"

甲说:"海南这个地方太热、太潮,让我一直很燥热,而且我一直在考虑下个月部门总结会的报告,没玩好。"

乙说:"海南这个地方美不胜收,清新的空气,绿绿的树木,徐徐的海风,我都陶醉了。"

10天后,领导在会议上问这两位部门经理:最近部门总结报告准备得怎样了?

甲说:"哎呀,这几天我一直在后悔,没有在海南好好玩,加上工作上的其他事情,还没有把总结报告写出来。"

乙说:"我的总结报告已经完成,而且已经把相关人员的意见征求完毕,我有信心去做好总结汇报。"

同为部门经理,同去海南旅游,同样要完成相关的工作,但两人的完成结果不一样,"在适当的时候做适当的事情"的人成为赢家。

一、什么是"活在当下"

"当下"出自佛教用语,是指时间、空间中正在进行的这一刻,也就是通常所说的"现在"。

如果你现在正在会议室和同事开读书会,那你"参加读书会"这个动作、开读书会场地的会议室,和你一起开会的同事,就组成了"当下"。"活在当下"就是要把你自己所关注的焦点集中在现在发生的事情、现在身边的人、现在所处的位置上面,全心全意地去接纳、品味、投入和体验这一切。

活在当下就是活在现在,而不是回忆过去和欲求未来,更不是对过去的后悔，对未来的空想。活在当下是对生活和工作的一种态度，是一种全身心地投入的生活与工作方式。活在当下，要求没有过去拖住你，也没有未来牵拉你，你全部的能量都集中在现在的这一时刻，如果能做到，那你的生活、工作，乃至生命也因此具有生机和意义。

上面两个中层，甲就是活在了过去，没有把注意力集中在"现在应该做什么"上，而是不断地懊悔于对过去发生的事情，不仅对过去已经发生的结果毫无补益，更对现在的事情产生了影响。而乙就做到了活在当下，该玩的时候就玩，不想工作；该工作的时候就工作，不想其他。

二、活在当下最幸福

不知道你有没有察觉，我们常常都同时活在自己的过去、现在和未来这三个空间维度。比如，你清晨照镜子，会想："今天状态还行，比昨天疲惫点，但愿忙过今天，好好休息休息，明天应该更精神些吧！"小小一句感叹，就显示出我们的存在状态，活在当下，既拉着过去，也牵着未来。

对我们来说，究竟是活在过去幸福，还是活在未来快乐呢？

研究表明：幸福和快乐并不在过去，更不在未来。很多人都会有这样的经历：一个人坐在那里做"白日梦"，想着"如果我怎样，那我的生活就会怎样"之类的事情；也会有人坐在那里忏悔，想着"如果昨天我不怎样，那今天就不会怎样"。

很多人感受不到快乐和幸福，就是因为每天他们都把"现在的时刻"用来做白日梦、缅怀过去的岁月。人类关注过去和未来的能力可谓登峰造极——关注过去被冠以"以史为鉴"；关注未来被冠以"规划未来"。

其实，完全专注于手头工作的生活最为舒适，而这种满足感比做白日梦还要强烈。因此，无论活在过去，还是活在未来，都不是最快乐的，活在当下的人们最幸福。

三、三种活法

世界上有三种人，三种活法：一种人活在未来，一种人活在过去，一种人活在当下。

1. 你是活在过去的人吗

记忆是造物主给人类不断成长的法宝，记忆可以让我们记住过去曾发生的事情，并把这些事情转化为经验，来指导今天和明天如何去做得更好。如果人没有经验，就不会有进步，"不在同一个地方摔倒"就是经验的功劳，站在巨人的肩膀上，会让我们有能力活在当下。

但是，记忆会带来惯性思维。中层管理者经常总结管理的胜败经验，不可否认，以前的思维方式很多时候还是有效的，但是随着环境的变化，这些旧的思维方式带来的负效应也会越来越多。

> 古代郑国，有一个人想买鞋子，他先量好自己的脚的尺码，然后把它放在了自己的座位上。到了集市，他忘记带量好的尺码，拿到了鞋子才说："我忘记了带量好的尺码。"于是返回去取尺码。等到他回来的时候，集市已经散了，卖鞋的也走了，他最终没买到鞋。有人问："你为何不用脚试试呢？"他说："我宁愿相信量好的尺码，也不相信自己的脚。"

如果太看重过去，每时每刻都像拿着皇历一样去参照过去，就会像郑人买履。割裂了现在，停留在以前，被过去绑住。这种习惯于沿袭传统的机械性、线性的思维定势，一旦进入僵化的或者锁定的状态，想要摆脱它就会变得十分困难。

老马在集团总部担任办公室主任已经有8年之久。去年，集团委派他到下属一家子公司担任总经理。这是老马一直期盼的发展机会，他非常想在业务部门的平台上有职业突破。

　　在新岗位半年过去了，意想不到的各种问题和挑战接踵而来，让他很难适应，难以调整。比如以前要一些集团层面和整体性的信息，非常轻松，各子公司也很给面子，而现在想了解一些这方面的信息，就不是那么容易了，其他子公司老总仅仅会给他一些浅层的、无关紧要的信息，但深入一些的就难了；以前工作总要到下属的各个子公司去，可以到处跑跑，而现在，就只能盯在一个公司里；以前工作只是一些分析支持的工作，决策由领导去拍板，而现在大事小事都要自己拍板扛着，还得掂量自己手头有多少资源可用等。这些变化让老马有些无助。老马开始十分怀念以前在总部工作的诸多好处了。他在犹豫：回总部吧，不甘心；继续干吧，很担心，这么不适应可能还会导致失败，怎么办？老马感到很不快乐。

　　老马的岗位变换后，没有面对当下身份的转变，还是把自己定位于过去，不愿看到自己的现在。所以他怀念过去，希望逃离现实的日子。

　　像老马一样活在过去的人，在现今企业中也比比皆是。他们本身并不是生活的弱者，但只因为活在过去，而丧失了现在。被过去的一件事绊倒，再也不给自己机会站起来。

　　心理学有一个词叫"未完成事件"，指一个人的过去有一些事情没有得到好的解决，在未来相似的情境下，就会被诱发出来，让人产生消极的情绪反应或行为，影响现在的生活。这些事如果不能被现在的自己看到，并着手完成，就会一直被重演，把人锁在过去里。

　　仔细想一想，我们是不是和老马有相似的体验呢？用过去的事情惩罚现在的自己，把今天的错误怪罪给昨天，比如："我在学校那时候……""我原来公司……""想当年我可是……"诸如此类的言语。

活在过去的人最大的特点是拿昨天和今天来比较，沉浸在过去念念不忘，不能自拔。

想一想，你的过去是不是常常成为现在的替罪羊？你是不是常常被过去一叶障目？

2. 你是活在未来的人吗

与活在过去相反，有一些人，活在生命时间轴的另一端——未来。他们浪漫、乐观、爱幻想，可以用未来去思考现在，懂得未雨绸缪，喜欢规划人生，总是充满了愿望——这的确是一种积极的人生态度，也是未来带给我们的好处。

活在未来有两种情况。

第一种："空想家"——完全交给未来。

小高在一家电脑公司担任部门经理，他很早以前就有一个梦想，就是以后能开一家自己的电脑公司。当上中层干部以后，他认为自己已经完全了解公司的运作了。当同事们都忙着充电、参加管理培训时，他想："我以后是要开公司的人，忙这些对我根本没有用。"所以他每天只用三分的力干活，任务能推就推。这样过了几年，小高终于开了一个小卖部，因为他被公司淘汰了。

通过小高的故事，我们可以看到，只活在未来，一不留神，就会成为一个"空想家"。

"等我老了，要去环游世界"、"等我退休，就要去做想做的事情"、"等孩子长大了，我就可以……"梦想可以给人希望，但如果把任务都交给未来去完成，很可能会一事无成。活在未来，始终相信明天会更好。把所有希望寄托在明天。殊不知"明日复明日，明日何其多"。

有句话说：人因有理想而伟大，别忘了理想因行动而伟大，行动因坚持而成功。我们每个人都有伟大的人生目标，但是要清楚，你的目标是一面旗帜，还是一张地图。

第二种："不安者"——完全为了未来。

小陶刚被提拔到采购部经理的岗位上，员工们纷纷评价：老板这是要对采购"动真格的了"。因为小陶在公司里面是个很有特点的人，比如大家一起外出旅游，一般为了预防下雨，大家都会准备一把雨伞，而小陶要准备两把；大家的办公室钥匙，通常会自己拿一把、放在公司保安那里一把，而小陶除此之外，还要在家里放一把、在父母家放一把。所以当小陶被任命为采购部经理的时候，大家认为这是老板看重了他这个优势，能把公司的原材料供应做到万无一失，也正是因为小陶的这些特点，大家还送他一个绰号"沙鼠"。

沙鼠是生活在沙漠里面的一种鼠类，最大的特点就是"永远担心未来"。比如沙漠快到旱季的时候，沙鼠要开始囤积草根以应对旱季找不到食物的情况，如果一个沙鼠在旱季只需要吃2公斤的草根，那么它搬运到自己洞穴的草根通常会达到10公斤，是正常储备的5倍。实际情况是，当旱季结束的时候，沙鼠根本吃不了这么多草根，最后只能是把这些剩余的腐烂了的草根再运送出洞穴。这个习惯已经变成了沙鼠的基因，让沙鼠们习惯性地"对未来不踏实"。

小陶就是公司的"沙鼠"，上任不久，他就充分展示了自己这方面独特的"天分"。公司的仓库里，他采购的物品堆积如山，公司的供应商各个喜上眉梢，加班加点开足马力供货。而公司的安全库存却超出原来水平的3倍。

小陶已经成为公司中层干部当中"最有危机感"的一个，他对所有的工作，都有着天生的警惕和不安。

你是不是也有小陶的影子呢？你是否总担心明天的任务不能完成而夜

不能寐，担心老板会发火而对汇报材料忐忑不安，担心下属突然辞职而对内部工作分配焦头烂额……

这些对未来的不安，在当下就转化为压力和焦虑，不仅会影响身体健康，更会影响到心理健康。

对于中层管理者来说，有了这些对未来的不安，有了由此产生的压力与焦虑，就会直接导致像无头苍蝇般忙。如果某一天，你突然不忙了，你会马上进入另外一个境界——山雨欲来风满楼，潜意识里面会产生更大的不安：是不是公司准备不要我了？是不是领导对我有什么看法了？

作为中层管理者，应该做到未雨绸缪，但不能成为"沙鼠"，我们可以为明天做好规划、做好准备，但不能为明天而焦虑；可以为明天奋斗，但不能为明天而忙。我们不能为明天的不安而放弃今天的快乐！

既然活在未来有种种弊端，那我们就应该做第三种人：活在当下。

把错误推给昨天，把任务推给明天，都不会快乐。

那要怎么做，才会快乐？

想象一下，比如你在极速飙车过程中，你会想过去和未来的事情吗？我们遇到生死存亡的关键时刻，会拿出生命最强能量的状态。这就是"活在当下"的典型时刻。

作为公司的中层骨干力量，遇到一大堆的工作，有些中层会想：等我忙完了这一阵，我可要好好休息几天。还有一些中层会想：这几天的事情在我的成长过程中，都是难得的实践机会，我可要好好把握。

拿到体检报告，有几个指标不正常，有些中层会想：等我忙完手头的事情，就去办一张健身卡，开始锻炼身体。还有一些中层会想：这些指标医生已经有了建议，那我从今天开始就注意控制饮食，多走楼梯，多在办公室走动。

下属提交的工作，令你不满意，有些中层会想：这样的下属，真是让我操心,我当初面试他的时候怎么就看走眼了呢?还有一些中层会想:这样的下属,我有责任去帮助和辅导他,针对这个工作,我现在就指出其中的问题,教给他方法。

上面的场景,中层都不陌生。前者要么把问题留给明天,要么对过去不断地后悔,既浪费了当下的时间,又没有解决当下的问题;而后者着眼点在于现在如何去做,如何解决当下的问题,让当下的每一秒都有价值,都没有虚度。这就是活在当下,这样的工作与生活才充满意义。

现在连接着过去和未来,如果你为现在后悔,你既失去了未来,又联不上过去,你能够把握的只有现在。不要让过去的不愉快和将来的忧虑像强盗一样抢走你现在的愉快,而应把握现在,成就未来。因此,我们要做第三种人,活在当下。

当然,活在当下不能走入误区,不是纵情现在,不等于今朝有酒今朝醉,而是今朝有酒不大醉,不使明朝有忧愁。活在当下也不等于明天没有计划,得过且过,而是以未来为导向活在当下。

四、寻找幸福的"汉堡"

哈佛大学的泰勒博士曾用"汉堡"模型形象地描述了四种人生模式:

第一种是关注未来利益,但损害了现在利益的人群,称为"忙碌奔波型"。这类人的特点是相信"爱拼才会赢"、"明天会更好",不断通过透支现在、损害现在而获得未来的美好。就好比吃葡萄,永远先吃烂的那几颗,相信把烂的都吃完之后,就会幸福地享受好的那几颗。但往往事与愿违,等他吃完所有的烂葡萄之后,突然发现,原来好的那几颗也烂了。

第二种是既损害现在利益,也损害未来利益的人群,称为"虚无主义型"。这类人的特点是"今天挖坑,明天把自己埋了",今天做的事情,不仅没有让自己幸福,而且还让自己明天不幸福。

第三种是关照了现在利益,但损害了未来的利益的人群,称为"享乐主义型"。这类人的特点是"人生得意须尽欢",今天有酒就不醉不归,让今天过得快乐即可,不用管明天怎样。

最后一种是既关注了现在的利益,也关注了未来的利益,称为"幸福型"。最大的特点就是既活在当下,又未雨绸缪。

三个兄弟分家,把父亲留下的种子平均分了三份。老大不考虑明年的收成,今年把所有的种子都吃光了,第二年饿死了,这就是享乐主义型;老二把所有的种子都种在田里,还没有等到种子收获,自己就饿死了,这就是忙碌奔波型;老三把一半种子种在田里,一半种子自己吃,最后终于慢慢过上了好日子,这就是幸福型。

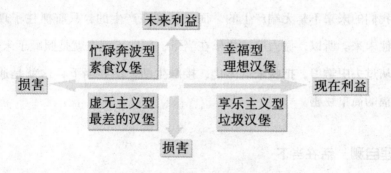

图 4-1 幸福的汉堡模型

回想一下,你是否在某一段时间,曾经忙碌奔波地生活着?是否曾经有过作为享乐主义者的经历?

你可以对比以上四个象限,自己是哪一种"汉堡"。

关于人生的描述有三个通用原理:第一,人生必然充满错误,没有发现错误的人生等于没有进步;第二,对于未来,没有人能完全预料和把握,人生就因为变化无穷才充满生机;第三,把每一个现在的片段进行连接,就构成了整个完整的人生。

我们往往脑子里想着的是赶路,看到的是远处山顶上可望而不可及的理想或目标,对于沿途的美丽风景,没有时间欣赏。然而人生是一条永不回头的河流,真正的持续的幸福感,需要我们为了一个有意义的目标而去快乐地努力与奋斗。幸福不是拼命爬到山顶,也不是在山下漫无目的地游逛,幸福是向山顶攀登过程中的种种经历和感受。

过去、现在、未来组成了一个人的昨天、今天和明天。我们每个人都不是割裂地活在一个时间点上的。活在当下,并非隔离过去和未来,而是通过现在把过去和未来连接起来,给生命一个有效的过渡。

心理学的自我理论是这样解释的:我们都知道现在的我、过去的我和将来的我是连续的,即使过去发生过严重的不幸,现在也会重新去认识,逐渐去接纳,不把问题留给未来。而未来的希望也能给现在自我一些指导,我们可以按照自己想要的未来制订现在的计划。

我们的未来不是无端产生的,而是从现在产生的,只有抓住了现在才能抓住未来。所以,做人应该快乐在当下,照顾了现在就是照顾了未来。

从过去中学习,把将来具体化,接触生活,活在当下,这就是通往人生幸福的简单秘密。

【心理自测】活在当下

该测验由 10 个问题组成,完成测验大约需要 5 分钟时间。题目中是有关你当前心态的描述,请判断这句话在多大程度上符合你的实际情况或你在多大程度上认同这句话的内容。

请在下表右侧的 5 个选项中,在最符合自己的选项里画"√"。请根据自己的第一印象尽快选择答案,不要过多思考,以免影响结果的准确性。

题号	题目	完全不符合	不太符合	有点符合	比较符合	非常符合
1	我常常不能把握住自己，情绪很不稳定					
2	只要在嘈杂的环境中，我就不能集中精力思考问题					
3	我感觉非常混乱，不能一直牢牢地控制自己的行为、思维、情感或感觉					
4	我由于悲哀、失去信心、失望或有许多麻烦而怀疑还有任何事情值得去做					
5	我正在受到或曾经受到很多约束、刺激或压力					
6	我常常不能安下心来专心地做事					
7	我常常有理由严重怀疑，自己曾经失去理智或对行为、谈话、思维或记忆失去控制					
8	我经常感到焦虑、担心或不安					
9	我睡醒之后几乎没有感到过头脑清晰和精力充沛					
10	每天的生活中没有让我感兴趣的事情					

计分方法：

1. 第1、第3题从"完全不符合"到"非常符合"依次记5到1分。

2. 剩余题目从"完全不符合"到"非常符合"依次记1到5分。

3. 总分为以上得分加总，由低到高分为5个等级：

等级	分数段	解释
1	40~50分	不幸福感极强，需要马上调整
2	30~40分	感觉不幸福，心态浮躁
3	20~30分	主观幸福感一般，心态不稳定
4	10~20分	有较强的主观幸福感，心态稳定
5	10分以下	有很强的主观幸福感，心态平和

第五章
向下比较——还有人比你更倒霉

- 比较并没有错,错的是比较的对象和比较之后的计较。
- 人们在比较的时候应该追求的是满意而并非最优。
- 选择一种适当的向下比较方式,就是选择了一种自己控制的人生。

生活为我们提供了无限多的比较机会：

上学的时候，我们要和同学比，谁的零食比我的好，谁的书包比我的新，谁的考试分数比我的高……

参加工作之后，我们要和同事比，谁的能力比我的强，谁和领导的关系比我好，谁的薪水比我高……

成家之后，我们要和身边的朋友比，谁的车比我的高级，谁的房子比我的大，谁的媳妇比我的漂亮，谁的孩子比我的强……

从懂事的那一天开始，我们就陷入了"比较"和"计较"的怪圈里，身边每一个与自己相似的信息，我们都会拿来和自己做个比较，如果自己的不如别人的，就会不断地计较。

比较是人之常情，人会通过与同类的比较而判断自己所处的位置，包括自己的能力、自己的地位、自己的水平等。通过比较，对自己提出了更高的要求，一定程度上也推动了人不断地自我加压、自我改善。

比较并没有错，错的是比较的对象，错的是比较之后的计较。

一、我是在和谁比较

"你的所得还那样少吗？你的付出还那样多吗？"一首《祝你平安》曾经风靡全国，至今传唱不衰。生活中多少人会有同样的感受：付出的太多，得到的却太少。一句"你的心情现在好吗"几乎字字都落在每个人内心的共鸣点上。

为什么人人都觉得付出多于收获呢？

主要的原因在于，付出和收获的权衡并非一个经济上可计算的投入产出比较，必须借助于参照系来完成，而这个参照系往往是周围的人。

一个人的身心投入难以绝对衡量，但行为结果的差异的确是一目了然。另一方面，人们在与他人的比较中往往看重自己的付出，轻视别人的作为，导致付出和回报之间的比较往往产生不均等的感觉。

"同一年参加工作，为什么他已经是总监了，我还是个部门经理？"

"都在一个办公室里辛辛苦苦地做事，为什么这次涨工资的是他？"

"看看人家小李，豪宅又豪车，再看我，住狗窝，开破车。"

这就是我们表达生活和事业不如意时常常可以听到的，在这些对付出和收获不对等的抱怨中都包含了比较。人们的不平和无奈正是来自于"社会比较效应"。

"社会比较"这个词来自著名社会心理学家费斯廷格的理论，他认为个体具有一种估价自己的驱动力，会以他人作为比较的来源和尺度。正如男性通过对比他人的金钱和社会地位来估计自己的实力，女人通过对比外貌和身材来估计自己的竞争力。

如果生活在古代，一个相对封闭的小圈子里，你很容易就成为"夜郎国王"。但现在，即便你是公司最重要的管理者，也不会感到自己就是最成功的。我们每个人似乎都必须不断完善自身才能减轻压力。有一刻你或许会觉得筋疲力尽。

这时，请停下来，问问自己——我是在和谁比较？

二、你的比较结果并非最优

传统经济学里，"合乎理性的人"的假设，通常简称为"理性人"或者"经济人"。

但人真的是理性的吗？

据心理学家观察，人们在面对生活中的各种情况时，经常根据一些毫无意义或微小的样本来做决定；人们在面对判断和选择时，会使用许多自我认知的方法来简化和解决一些难题。比如很多人都有过相亲的经历，一般来说人家介绍你去见，不太满意再见第二位、第三位，终于满意了，就结婚了。如果有人说这些都不行，我要把世界上所有未婚的异性都看一看，哪个最好，我选一个，这当然是不可能的。再比如，我们常为了省几块钱，开车几十分钟去较远的地方买东西，一年下来反而多花了几百元的油钱。

如果说人是理性的，为什么我们还常常犯些愚蠢的错误？

"理性人"实质就是将人不当成"人"，而是当成一个纯粹的"经济动物"，显然，这种"动物"本身并不存在。所以，我们不必去讨论人理性与否，而是要了解我们的决策过程是如何操作的，并且，在这样的过程中，如何让我们的生活质量得到提高。

实际上，决策与判断是人的思维活动，它是建立在人的感情、理念和经验的基础上的。就是说我们在生活当中追寻的是什么，我们追求赚钱是为了什么。最终的目的不是钱，钱是一个手段，最终的目的是幸福、快乐。

满意是指选择一个最能满足你需要的方案，即使这一选择并不是理想化或者最优化的。不管你的行为多么最优，都远远无法达到经济理论中理想的"最大化"状态。所以，我们的选择只是能够达到"满意"，而不是"最优"。

因此，我们做出比较的标准并不是建立在理性基础上的最佳选择，而是建立在人类心理上的第一满意选择。也就是说，人们在比较的时候应该追求的是满意而并非最优。

三、比上不足，比下有余

经过多年的打拼，李萍在公司已经是小有成绩，在部门经理岗位上做了7年之久，深得老板的器重。但是，李萍的烦恼随着一个叫娟娟的经理加入公司之后就开始了。

娟娟比李萍小5岁，出身名牌大学，在跨国企业有了几年的历练，年轻漂亮，而且性格开朗，为人友善，进入公司仅仅三个月时间，就得到了公司上下的一致好评，老板多次在会上公开表扬她。试用期一过，娟娟就被提拔到部门经理的岗位上，和李萍同级。

李萍首先感到不公平，自己打拼了那么多年才坐到现在的岗位上，而娟娟仅仅是刚过试用期，就能和自己平起平坐。

其次李萍感受到前所未有的压力，以前她在所有的中层干部当中是众星捧月，现在她已经不是"月亮"了。

李萍越来越烦躁，喜欢批评下属，喜欢给其他部门挑刺，还把情绪带回家，家里人都觉得李萍提前进入更年期了。

很明显，李萍掉进了"攀比陷阱"。这种比较的方式是，通过某种行动，使自己在某一方面超过他人或者至少和他人相同，从而达到保护自尊的目的。李萍总觉得自己处处不如人，拿自己的弱势去比别人的优势，很容易造成巨大的心理落差。

社会比较是了解自己的不可或缺的途径。尤其是在没有客观标准可以供我们进行对比，或者我们正在对自己的某些方面感到不确定的时候，社会比较更容易发生。

古人云：人比人，气死人。的确，比较会让人郁闷。这个世界上总有人比你强。但如果在比较之后，只会沉溺于抱怨或仇恨中，那么真的就只有气死的份儿了。

想要不被气死，就得学会如何去选择比较对象。

人们选择比较的对象会表现为两种比较方式：向上比较、向下比较。向上比较是指在比较过程中选择强于自己的对象作为参照，向下比较则是在比较过程中选择比自己差的人作为比较对象。

一个人住院，刚入院的时候比较忧愁，在医院住了几天之后，心情就好了起来。问其原因，他说：刚入院的时候，我在和医院之外的正常人比较，我怎么这么倒霉？入院几天之后，比较的对象变成了身边的病友，最后发现自己的病是所有病友中最轻的，所以心情就好了起来。

一个人的公司年度调薪，领导谈话说涨薪 1000 元，他回家跟老婆说了之后，老婆不屑地回应：太少了，我们公司普调 1000 元，我涨了 2000 元。这个人的心情一下沉到低谷。第二天在公司班车上，发现前面两个熟人也在谈涨薪的事情，其中一个涨了 500，另外一个涨了 300，这个人马上心情愉悦起来，立刻拿出手机给领导发了个感谢的短信。

比较对象的不同，最后造成个人的心态截然不同。其实如今的社会，生活条件越来越优越，我们却感到生活越来越累。这是我们没有意识到这种使人陷入困境的心累，有时是由于比较方式选择上的偏差所致。

我们一生的最终追求就是一个满意，也就是老子说的"自足者富"。

有时我们需要有意选择向下比较来卸下一些心理的负担，比上不足，比下有余，尽可能做向下比较。

向下比较目的是让心豁然开朗，不是诅咒别人更差，不是幸灾乐祸别人的不幸，而是对自己的状态知足，但不代表不上进。

向下比较有两种方式：

一种是在认知上，想象还有人比你更倒霉——利用自己的明显优势与别人比较。

另一种在能力上，随时为最坏结果做准备——主动改变自己的认知或者行为与别人比较。

四、想象还有人比你更倒霉

你经历过人生最倒霉的事是什么？走路时被高空脏水淋成落汤鸡，不小心踩了香蕉皮……我们总恨恨地说，人倒霉的时候，喝凉水都塞牙缝。

人什么时候会快乐？当负面生活事件威胁到自尊，主观幸福感能够通过追求向下的比较获得增强或恢复，那么就为自我产生了相关的良好结果。当发现别人比自己差的时候，虽然自己有不尽如人意的事情，但是，当你用自己的明显优势与别人比较，同更倒霉的人相比时，自己还是幸运的。

如果遇到倒霉的事情怎么办？你要想还有人比你更倒霉。

关键的问题是，你怎样发现别人的"更倒霉"？

有这样一个寓言：一个猴子在爬树，往上看全是屁股，往下看全是笑脸，往左右看全是耳目。忠告是，祝你的人生少看屁股，多看笑脸。

所以，当你向上比，只能看屁股；向下比，就能看笑脸。通过主动地选择许多方面比自己差的人进行比较，我们能达到很多方面的优势。找一个比自己在心理功能、健康状况、经济环境或者其他方面都要显著差的人，还是能够经常找到的。

五、随时为最坏结果做准备

做人有时真的很无奈。生活中有好多东西我们无法去左右，如生存环境、工作条件、突如其来的灾难等，我们可以主动改变自己的认知或者行为与别人比较，去笑对挫折和磨难。

看看我们的周围，工作、学习、生活，没有哪样是不存在竞争的，人们要想让自己的物质生活更好一点，就得拼命努力赚钱。

然而，当你尝试做点什么，然后失败了，这种滋味不好受。但是，你要知道，比失败更糟糕的是一年又一年"找不着北"。失败了你还可以勇往直前，而找不着北则让你停滞不前，无法发挥自己的潜力。我们应该随时为最坏的结果做准备，对自己有信心，去适应、去改造这些挡在我们前面的阻碍。

一张白纸上画着一个黑点，有人只看到黑点，有人换一种角度，全面看待整张白纸，发现白纸所占的面积其实远大于黑点。

现实生活中的不少人，遭受了一次挫折和失败，就怀疑自己的能力，在内心得出"我不行"、"我不是这块料"、"我这辈子完了"的结论。其实，人完全有理由在任何艰难困苦的条件下，都具有乐观主义的精神。

当人陷于某种困难的时候,聪明的人能在最困难、最不利的境遇中,用最短的时间,让自己大脑的兴奋中心在广阔的时间范围内纵横驰骋。上下几千年,纵横数万里,有目的地、迅速地去选择一大堆摆脱困境的方案,然后再在这些方案中筛选最佳方案。

这种思维方式本身就是一种享受,一种胜利,所以这种人能对生活常持乐观态度。有时候,换一种思维方式,换个角度来分析,从圈子外来看待问题,这时候视野开阔了,问题反而就变得不那么严重了。

如果不随时为最坏的结果做准备,就会看不到未来的希望,而只看到过去的拥有,总是把注意力放在失败上,就会不断抱怨,就会没有心思去思考后面如何成功。

选择一种适当的向下比较方式,就是选择了一种自己控制的人生。

【心理自测】向下比较

该测验由 10 个问题组成,完成测验大约需要 5 分钟时间。题目中是有关你当前心态的描述,请判断这句话在多大程度上符合你的实际情况或你在多大程度上认同这句话的内容。

请在下表右侧的 5 个选项中,在最符合自己的选项里画"√"。请根据自己的第一印象尽快选择答案,不要过多思考,以免影响结果的准确性。

题号	题目	完全不符合	不太符合	有点符合	比较符合	非常符合
1	对于生活中出现的问题,我往往朝消极的方面想					
2	我常苛刻地对待生活中的许多事情					
3	和别人比较,我看不到自己有什么进步					

（续）

序号	题目	非常像我	部分像我	有一些像我	不太像我	大部分不像我	完全不像我
4	一个人的家庭和生活背景，是影响其人生幸福的主要因素						
5	我没有可以相互交流、相互帮助的朋友						
6	当别人提出我不愿意接受的要求时，我不敢拒绝						
7	我不知道自己有什么长处和短处						
8	我不能原谅自己出现退步或反复失败						
9	我十分在意别人的看法						
10	我常常拿一些无关的事情来否定和考验自己						

计分方法：

1. 第1、第3题从"完全不符合"到"非常符合"依次记5到1分。

2. 剩余题目从"完全不符合"到"非常符合"依次记1到5分。

3. 总分为以上得分加总，由低到高分为5个等级。

等级	分数段	解释
1	40~50分	很不自信，抱怨多，需要马上调整
2	30~40分	不够自信，不能自如控制自己的生活
3	20~30分	自信度一般，有时会抱怨
4	10~20分	有较强的自信心，能自如把控自己
5	10分以下	有很强的自信心，能胸有成竹地对待生活

第六章

主动改变——山不过来我过去

- 主宰我们情绪的，不是外部的已发生事件，而是我们对已发生事件的认识。
- 当你不能改变世界时，干吗非得与之较劲呢？改变自己才是最明智的选择！
- 如果山过不来，那我们就过去吧！

当今社会正经历前所未有的变革。改变是前进的动力。但我们常常感叹，改变一个人的行为为什么这么难？

我们总想通过某种策略改变他人的行为，有的管理者采用激励手段、有的空喊口号、有的向下施压、有的改变当事人周围的环境。其实，任何一种行为背后都有着多个原因，最重要的是我们对这些原因的看法和所持的心态。

一、改变定义就能改变看法

我们都听过"齐人失斧"的故事：齐国有个人家的斧头不见了，他总怀疑是邻居家的儿子偷的。他不论怎么看，邻居家的儿子都鬼鬼祟祟、形迹可疑。后来有一天，他在自家院里挖坑时把斧头挖出来了。当他再看邻居儿子的一举一动时，感到没有哪一点和先前观察的一样。他感慨地说："幸好找到了斧头，要不然邻居的儿子一辈子都要受到怀疑了。"

人世间的一切事情本没有定义，只是人们给它强加了定义。如果一个人走在街头，别人拍一下他的脸，他的第一感觉就是受到伤害或攻击了。可是在非洲的一个小岛上，表示欢迎人的方式就是拍脸。对于拍脸，两者之间的定义不一样。

事实上我们不是先看见再定义，而是先定义再看见。

事情不在于发生了什么，而在于你对这件事情如何定义。比如，我们如果将工作定义成播种，自己就会时感收获。

生活中有很多事情会让人迷茫、感到痛苦，其实影响情绪好坏的不是事情本身，而恰恰来自于自己对事情的定义，这就需要运用定义转化法来做好心态调整。

1983年电视剧版《红楼梦》，曾经红极一时，达到万人空巷的境界。在新版《红楼梦》即将开播之际，新浪网曾做过一次调查：你最喜欢《红楼梦》什么？结果服装设计师欣赏的是美轮美奂的服装；美食爱好者对其博大精深的饮食文化赞不绝口；文学家沉迷于诗词歌赋；音乐家称道余音绕梁的音乐……

佛家偈语：无欲无求，魔由心生。正好应验了"齐人失斧"的想法。心理学证明，个人的行为从知觉开始，对事物和社会的认知，受到经验、情感、立场的影响，而带有明显选择性特征。这可能就是佛家偈语所说的"魔"。

无论是"齐人失斧"中的齐人，抑或是参与调查的人，正是由于信念会影响个人知觉，特别是人们在无意中给自己所加的暗示，并由此成为当事者信念、经验、情感、欲求的有机组成部分。

而这种知觉往往与现实和实际的真相存在偏差，因此，在做任何重大决策或判断之前，你得停下来问自己一些关键的问题：

- 我看待事情的方式是否受到了某种动机的驱使？
- 我在看待和处理问题时是否夹杂了自身的预期？
- 我是否与那些和我有着不同看法的人交换过意见？

二、改变看法就能改变心态

中层常碰到工作的延期问题。每当进度延期，如果问相关的当事人原因，大都会得到如下回答：

搞需求的家伙太土鳖了，需求一直都没整明白，老是变来变去的！

搞设计的家伙太傻了，这种设计根本没法实现嘛！

某某工具太难用了，耽误了不少时间！

团队里的其他人太弱了，我被这帮菜鸟拖了后腿！

质量那帮家伙太没用了，好几个问题到项目快完成了才发现，我哪来得及改啊！

……

从上面这些抱怨，不知你是否看出一个共同点——都把问题的原因定位在所依赖的外部环境中，很少听到哪个员工会主动承认延期是因为其自身的原因。

项羽临死前说："此天之亡我，非战之罪也。"为啥人们总是归罪于外部因素？为啥在出问题时，人们总是怪罪外部环境因素呢？

要回答这个问题，先得来了解一下心理学的"归因理论"。通俗地说，就是当人们碰到成功或失败的时候，总是会企图去寻求一个原因，以此来解释成功或失败的根源。

有这样一个古老的归因现象的笑话：两个男人，一个是新教教徒，另一个是天主教教徒，同时看到一位牧师进入了一家妓院。新教教徒认为自己找到了天主教虚伪信条的证据，因而报以轻蔑和不屑的一笑；天主教教徒看到的是另一种证据，即认为他们的牧师真是心胸博大，愿意拯救任何人包括妓女这样堕落的人的灵魂，因而报以骄傲和自豪的一笑。

很多时候我们不是在对实际的刺激产生反应，而是在对我们认为的引起这些现象的原因产生反应。例如，如果妻子突然对丈夫不理不睬，或者动辄对他发火，丈夫一般都会这样想：要么她心情不好，要么他做了什么对不住她的事情。丈夫的反应并不是取决于引起妻子的行为的真实原因，而是取决于他所理解的原因。

通常，对事情的成败，人们会找到如下一些原因：自己的能力、自己的努力程度、事情的难易程度、运气的好坏、其他人的帮助或妨碍、其他事情的帮助或妨碍等。

不好的归因方式：

- 失败时，归因于外部（运气、其他人、其他事），且认为外因是不可控的。
- 失败时，归因于能力，且认为能力是稳定的。
- 无论成败，皆归因于外部因素，且认为外部因素不可控。

好的归因方式：

- 失败时，归因于能力，且认为能力是不稳定的、可控的。
- 成功时，归因于努力，且认为努力是不稳定的、可控的。

所以，改变看法就能改变心态，归因会对个体以后的成就和行为产生影响。不同的看法会导致不同的情感体验和情感反应，并由此影响个体对未来结果的预期和努力。

三、改变想法才能改变情绪

两个秀才一起去赶考，路上遇到了一支出殡的队伍，当看到那一口黑乎乎的棺材时，其中一个秀才心里立即"咯噔"一下凉了半截，心想："完了！真触霉头，赶考的日子居然碰到这个倒霉的棺材。"于是，心情一落千丈，走进考场以后那个棺材一直挥之不去，让他文思枯竭，最终名落孙山。另一个秀才也看到了，一开始心里也"咯噔"了一下，但转念一想："棺材！那不就是有'官'又有'财'吗？好兆头，看来今天我要红运当头了，一定高中。"于是十分兴奋，情绪高涨，走进考场文思泉涌，果然一举高中。回到家里，两人都对家人说：那棺材真的好灵。

第一个秀才之所以落得个名落孙山的结果，是因为他考场上文思枯竭，而文思枯竭是因为情绪不好，情绪不好是因为他看到令他感到"触霉头"的棺材；另一个秀才之所以金榜题名，是因为他在考场上文思泉涌，而文思泉涌是因为情绪高涨，情绪高涨是因为看到令他感到"好兆头"的棺材。

著名心理学家埃利斯有一个著名的"ABC 情绪理论"。A（antecedent），是指事情发生的起因，B（belief），是指面对这个已发生事件的判断价值观，C（consequence），是指由此带来的行为结果。在 ABC 情绪理论中，人的情绪主要是来自个人的价值观以及他对生活情境的评价与解释的不同，有了这些不同，自然就有了结果的不同。

在上面秀才的故事当中，事情的起因（A）是一样的，即都在赶考的路上看到了棺材，面对这个事件，两个秀才的判断（B）是不一样的，前者认为是触霉头，后者认为是好兆头，最后的结果（C）自然就大相径庭，前者名落孙山，后者一举高中。

所以，ABC情绪理论告诉我们：主宰我们情绪的，不是外部的已发生事件，而是我们对已发生事件的认识；如果要让我们的情绪从消极转为积极，需要的是转变我们的价值观和信念。

我们可能无法改变既成事实的A，但是我们可以改变自己控制的B，掌控自己的情绪就变成了现实。消极的人，永远不愿意剖析自己，总是抱怨外部的各种事件；而积极的人，永远是改变自己的心态，主动寻求解决办法，获得积极的结果。

如果在生活中总是会想很多烦心事，想着想着就越来越烦，心情越来越差。不妨换个角度看待同一个问题，换位思考一下，也许这样会让心情平复一点，或者是想一些开心的事情，那样你的负面情绪会慢慢消失。有句歌词写得很好："应该学习婴儿，哭过就忘了。"我们也该要有这样的心态。

有这么一个民间故事，说的是西邻有5个儿子，老大老实，老二机灵，老三瞎眼，老四驼背，老五跛足。这一家真够凄惨的。但这位西邻却很懂得改变对现实的想法，他让老实者务农，机灵者经商，眼瞎者按摩，背驼者搓绳，足跛者纺线。结果全家衣食无忧，其乐融融。

因此，事情本身不重要，重要的是人对这个事情的想法。想法变了，事情就变了。

四、改变行为也能改变心态

电视剧《东北一家人》有一集演的是，老革命牛永贵的邻居马大脑袋是一个酒鬼,每天喝醉后在楼道内大声唱歌,极其难听,影响了大家的生活。为了不让他唱歌,大家想尽一切办法,还是阻止不了。几天后,牛永贵想出了一个办法。当马大脑袋再大声唱歌时,牛永贵宣布,马大脑袋唱歌很好听,愿意每天支付一块钱,且当场给了马大脑袋一块钱。得到激励后,第二天马大脑袋更卖力地在楼道内大声唱歌。牛永贵微笑地给了他5角钱,并表示马大脑袋唱歌水平有所下降。马大脑袋认为报酬还算让自己满意。接下来的几天,牛永贵每天给马大脑袋的唱歌报酬逐次减少,并一再表示马大脑袋唱歌水平也一天不如一天。当唱歌报酬只有每天5分钱时,马大脑袋开始抗议,并决定再也不唱了,冲着牛永贵大叫:"你只出5分钱,还想让我唱,没门!"

这是一个很有意思的故事,不同的人可以有不同的解释。心理学的"认知不协调理论"给出的解释是:这是因为人们往往想要减少或者避免心理上的不一致。当牛永贵宣布他很乐意听马大脑袋唱歌,并表示愿意为此付出钱时,巧妙地改变了马大脑袋唱歌的动机。这一动机由单纯的骚扰变为了金钱激励。当牛永贵宣布只给5分钱时,他便成功地诱发了一种心理上的不一致状态(或者说是"唤起不协调"),让马大脑袋觉得好像是不值得这么贱卖歌声。于是,当马大脑袋没有获得足够多的金钱时,他开始对自己的行为和目标之间的不一致感到不满。

一对父子开车外出,发生了车祸,父亲当场死亡,儿子的情况也十分危急,被很快送到医院实施手术抢救。当医生走入手术室见到这个病人后,突然大叫:"我不能做这个手术,这是我的儿子!"

你觉得这个故事可能吗?很多人认为这种情况不可能发生,因为这个人的父亲已经在车祸中丧生,至少在想到医生是他的母亲之前,人们会这么推理。

如果之前你自认为没有性别歧视,那你是认知不协调。为了减少这种不协调，你会表现得比以前更加反对性别歧视。

你回答不出来，你将意识到自己存在性别歧视，此时的认知和你之前的想法冲突。为了消除不协调，你会通过表现出对性别认识更加开放的思想，从而改变了你以前的态度。

心理学家认为，当人们同时有两种心理上不一致的想法时，就会处于认知不协调状态。这时，人们就会尽一切可能减少认知不协调感。

五、改变自己才可改变世界

在皮鞋还没有发明之前，曾经有一位国王微服私访，走了很多乡间小路和山路，回到宫中之后才发现自己的脚都被磨破了，于是他很生气，就下了一道命令，要将自己国土上的所有道路全都铺上牛皮，这样大家走路就不再磨脚了。

大臣们很着急，因为这个命令根本无法执行，即使把全国的牛都杀了，也不可能铺满全国的道路，怎么办？

其中一个大臣想出了一个办法，他主动觐见国王，跟国王说：如果全国的路都铺上牛皮，太浪费了，何不把牛皮包在每个人的脚上，这样不就相当于每个人踩下去的都是牛皮的垫子吗？

国王听了很高兴，于是改变了自己的命令，至此，皮鞋就诞生了。

在这个故事中，国王想改变世界：让自己管辖的道路上，都是柔软的牛皮。但是这个理想如愚公移山一样难以实现。这时候如果自己改变了认识，转换成让每个人的脚都包上牛皮，那最后的结果就自然跟着改变了。记住：改变不了世界，就改变自己。

在英国威斯敏斯特教堂的地下室，圣公会主教的墓碑上写着这样的一段话：

当我年轻的时候，我的想象力没有受到任何限制，我梦想改变整个世界。

当我渐渐成熟明智的时候，我发现这个世界是不可能改变的，于是我将眼光放得短浅了一些，那就只改变我的国家吧！但是这也似乎很难。

当我到了迟暮之年，抱着最后一丝希望，我决定只改变我的家庭、我亲近的人——但是，唉！他们根本不接受改变。

现在在我临终之际，我才突然意识到：如果起初我只改变自己，接着我就可以改变我的家人。然后，在他们的激发和鼓励下，我也许就能改变我的国家。再接下来，谁知道呢，或许我连整个世界都可以改变。

主教和大多数人一样，想改变这个世界，却不想改变自己。

其实当你不能改变这个世界时，干吗非得与之较劲呢？改变自己才是最明智的选择！

作为企业的中层管理者，其实你的一己之力是非常微薄的，你能影响公司的战略吗？你能影响决策者的决策吗？你能影响公司的业务方向吗？甚至你连自己的下属都很难影响。这个时候，如果你还倔强地要求"把山给我挪过来"，那只能找如来佛祖帮你实施移山大法了。

既然山不过来，那你是不是可以过去呢？你能不能先理解公司的战略，你能不能先理解决策者的决策初衷，你能不能先认识公司的业务，你能不能先了解下属员工的想法？

如果山过不来，那我们就过去吧！

【心理自测】 主动改变

该测验由10个问题组成，完成测验大约需要5分钟时间。题目中是有关你当前心态的描述，请判断这句话在多大程度上符合你的实际情况或你在多大程度上认同这句话的内容。

请在下表右侧的 5 个选项中，在最符合自己的选项里画"√"。请根据自己的第一印象尽快选择答案，不要过多思考，以免影响结果的准确性。

题号	题目	完全不符合	不太符合	有点符合	比较符合	非常符合
1	我对别人老是求全责备					
2	我老是责怪别人制造麻烦					
3	我常常感到大多数人不可信					
4	我常常会有一些别人没有的想法和念头					
5	我自己不能控制发脾气					
6	我感到别人不理解我，不同情我					
7	我认为别人对我的成绩没有做出恰当的评价					
8	我老是感到别人想占我的便宜					
9	我老是惧怕出现变化，胆量越来越小					
10	我常常觉得环境不顺心，生活不如意					

计分方法：

1. 第 1、第 3 题从"完全不符合"到"非常符合"依次记 5 到 1 分。

2. 剩余题目从"完全不符合"到"非常符合"依次记 1 到 5 分。

3. 总分为以上得分加总，由低到高分为 5 个等级。

等级	分数段	解释
1	40~50 分	有偏执的症状，需要马上调整，遇到很大障碍时应向心理医生求助
2	30~40 分	在一定程度的偏执，需要调整对环境事物的看法
3	20~30 分	固执，不太能变通
4	10~20 分	有较强的适应能力，能客观面对事物
5	10 分以下	有很强的适应能力，能从容面对一切

第七章
积极影响——做影响圈的事情

- 人可能失去很多自由，但仍然有"选择用什么心态去面对"的自由。
- 客观条件的限制并不可怕，可怕的是我们没有做出正确的态度选择。
- 思维决定人的心态，心态决定人的做事逻辑，行动决定命运。

战略部经理程进在接受顾问访谈的时候，这样描述自己近期的工作状态：

第一，无能为力；第二，无能为力；第三，无能为力。

顾问很是惊讶，请程进具体解释一下。

原来，今年年初，程进牵头与公司的高管团队共同制订了公司未来三年的战略规划，这里面回答了未来三年的目标、策略、路线、手段等众多问题，当规划落锤的那一刻起，程进就对公司未来发展充满了期待。

但是，规划实施快一年了，出现了很多问题，很多现在的管理举措都没有按照既定的战略去实施。程进每天都在焦虑，担心如果再不纠偏，公司的未来就将滑向深渊，无法自拔！

顾问问程进：面对这种情况，你能做什么呢？

程进回答：我能做的就是为他们焦虑！

一、人有选择的自由

选择权是人类自由的最为重要的权力，在商场，你可以选择你喜欢的商品；在图书馆，你可以选择你喜欢的书籍；在朋友圈中，你可以选择话题和对象交流；在婚姻中，你可以选择结婚或者离婚……

人会不会失去选择的自由呢？

有人会回答，是的。比如如果因为犯罪被关押到牢房里，那就没有选择的自由了，吃什么、做什么、什么时候熄灯、什么时候起床、什么时候放风等，都是规定好的，你没有任何选择的自由。

在这种情况下，是不是人就没有任何自由了呢？肯定不是，人还有其他选择的自由。这个终极自由，是你"面对现状的态度"。面对牢狱之灾，有几种面对它的态度，你可以消极消沉，你可以无所谓，你也可以积极地面对。在这些选项中，你是可以做出选择的。

  维克多·富兰克是奥地利著名的神经病学教授，犹太人。第二次世界大战中，他被囚禁在纳粹集中营三年。在刚被囚禁的日子里，他感到无助，因为曾经的自由都已经过去，不能随意走动，不能随便说话，不能选择自己喜欢的事情去做等。集中营里的人都是富兰克这样的想法，是啊，一个囚犯能有什么自由呢？

  集中营的"清闲"，让富兰克有时间去思考人类的自由问题。突然有一天，他有了新的感受：我是不是还有一种自由没有被纳粹剥夺？这个自由是否就是人类最终的自由？

  富兰克想到的自由，就是"选择你所面对环境的态度"！

  他说："我们生活在集中营的人，总记得那些走动于牢房中、去安慰别人、将自己的最后一片面包分给别人的人。他们也许只是少数，但是他们的行动证明：纳粹可以取走一个人的所有，但是有一样是永远无法取走的，那就是'人类最终的自由'，即在任何极端恶劣环境中，人有选择自己的态度及回应方式的自由！"

  在最为艰苦的岁月里，人可能没有了人身的自由，但仍然有"选择用什么心态去面对"的自由，富兰克选择了积极向上的态度。他没有自暴自弃，没有无所事事，反而通过找到"人类最终的自由"，让自己每一天都充实起来，用积极的态度去面对最困难的岁月。

  人生在世，难免会遇到各种坎坷，大多数人在遇到现状无法改变的时候，都会选择消沉，他们或许会认为自己无法与大自然作斗争、无法与残酷的现实作斗争，所以做任何抗争都是徒劳的，所以就意味着也没有选择的权力。富兰克的选择给我们做出了榜样。

  还有一个人，在看似没有任何发展机会时，做出了和常人不同的选择。

电视剧《士兵突击》中，来自农村、有点木讷的许三多当了兵。正如他们新兵连长的预言：三个月后，是骡子的走人，是马的留下。许三多是典型的"骡子"，三个月后，被分配到部队最不看重的三连五班。

三连五班处在一片荒芜的草原上，任务就是看守驻训所。方圆数十里，便是他们的天地，用他们自己的话评价，这是个"兔子都不拉屎"的地方。因为他们的任务很边缘，无法和那些作战部队相提并论，所以先前的战友养成了吃喝玩乐、不务正业的性子。许三多到了五班后，并没有和他们去喝酒、打牌，他每天坚持按时训练的同时，总想做点有意义的事情。

终于有那么一天，他向班长请求自己要为他们的生活区域修一条路。班长认为这是一个不可能完成的工作，所以也就随性地答应了他。可谁也没有想到，就是这样让人觉得没有意义的路改变了许三多的人生之路。

修路的时候，许三多坚持每天去很远的地方寻找石头，再把石头背回修路的地段，然后一个人认真地铺起路来。

风吹雨淋没有挡住许三多铺路的念头，战友们的冷嘲热讽也没能停止许三多的铺路进度，荒原上的一条路就这样在许三多的主动坚持下，在他"要做点有意义的事情"的要求下，修成了蓝天白云下、荒原上最为壮观的一景。

后来，部队在一次演习时，发现这荒原上的路。由此也引来了部队通讯员的报道，最后团长知道了这个事情，团长说：我们有这么好的兵，放在三连五班不浪费了吗，应该调到一线部队来。由此，许三多从一个几乎被人遗弃的兵变成了一个被人人重视的尖子兵。

许三多面对的困境，是身边战友同样遇到的，所不同的是许三多没有像他们那样选择放弃、消沉，而是选择了积极主动的态度，要做点有意义的事情。正是这点看起来并无意义的修路，最后成就了他。

中层管理者在企业中的特殊位置，让他们在实际工作中会遇到各种不如意，正如上面程进的案例，看起来他确实是无能为力。作为中层，在思想上有了决策者的高度，但在实施过程中，却几乎没有任何决策影响力，思想与现实的落差，自然会让程进选择抱怨。

但是，富兰克与许三多给我们做出了榜样，他们用事实告诉我们：客观条件的限制并不可怕，可怕的是我们没有做出正确的态度选择。主动积极的人，会选择积极的态度去面对不如意，从而让自己拥有选择的自由。

二、关注圈与影响圈

史蒂芬·柯维所著的《高效能人士的七个习惯》提出了一个关于主动积极的分析逻辑：关注圈和影响圈。

影响圈的范围是指所有人可以直接影响的事情。比如一位足球教练，在比赛过程中他所率领的球队比分落后，这个时候他能影响的事情，就是可以用替补队员换掉场上发挥欠佳的球员。换人这件事，是他影响圈的事情。

关注圈的范围是指所有人关心的事情，区别与所能影响的事情。还是上面的例子，当自己球队比分落后的时候，主教练认为场上主裁判执法不公正，能不能通过什么方式把主裁判换下来。这个教练这个时候想的事情，就是关注圈的事情。换裁判这个事情不是主教练能够影响的。

影响圈范围就像人的肌肉，因运动而增大结实，但如果不用就会慢慢地萎缩。如何能做到主动积极？关键就在不断地扩大自己影响圈的范围。消极被动的人，主要的关注点就在于关注圈的范围，而不关心自己的影响圈。

着重于影响圈的人，脚踏实地，不好高骛远，把心力投注于自己能有所作为的事情，所获成就将使影响圈逐步扩大。

反之，消极被动的人全神贯注于关注圈，时刻不忘环境的种种限制、他人的种种缺失，徒为无法改变的状况担忧。结果是怨天尤人、畏畏缩缩，受迫害的感觉日益强烈。由于着力方向错误及由此而生的副作用，影响圈便会缩小。

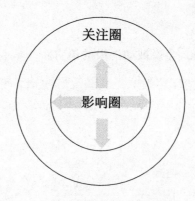

图 6-1　主动积极的发展趋势

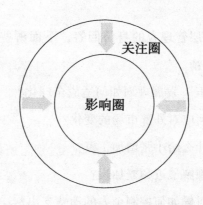

图 6-2　被动消极的发展趋势

在许三多的故事里，修路对于许三多来说就是影响圈的事情，改变五班的命运就是关注圈的事情。许三多完成修路之后，他的影响圈就会扩大，每一个小小的进步，都会为未来的成功做出扎实的铺垫。

做影响圈的事情，说这样积极主动的语言：

我可以想出更好的办法；

我选择去做；

我相信我能完成；

我们一起来寻找双赢的方案；

我有办法；

……

做关注圈的事情，会说被动消极的语言：

他们是不会接受的；

我不得不去；

他令我非常生气；

我无能为力；

除非……才能……；

我就是这样的人；

……

练习：以一名中层管理者的身份回答，下面哪些是你的关注圈事情，哪些是你的影响圈事情。

1. 中国"十二五"发展规划如何适应全球化？
2. 我们企业如何应对外部市场的变化？
3. 公司领导为什么给小张增加工资？
4. 如何请爱人理解最近频繁加班？
5. 物价上涨的时候如何控制个人的消费支出？
6. 如何让公司人都能喝上放心的牛奶？
7. 公司的爱心基金如何使用？
8. 迟到罚款的制度是否合理？
9. 我们公司怎样践行以人为本的理念？
10. 我如何能戒烟？

答案：影响圈的有4、5、10题，其余的题目均是关注圈的事情。

三、聚焦影响圈，人生才自由

林强和很多年轻人一样，用借来的钱开了一家餐馆，他雄心勃勃要在3年之内开5家连锁店。

餐馆刚开业三个月，政府就针对这条街进行市容市貌整治，并且开始拓宽马路。根据内部人透露，这个整治工作至少要持续一年，而且据说一年之后要建成示范街，政府牵头引进很多大品牌的餐饮店。

这绝对是个利空消息，首先是街道整治、马路拓宽的一年内，客流量会大幅下滑，因为谁也不愿意到这个乌烟瘴气的地方来吃饭；其次，当街道整治好之后，如果再引进一些大牌餐饮，那原来这些小的餐馆就慢慢要等死了。

林强周边的一些同行，开始到政府上访，要求政府对他们进行生意的补偿，还弄了几天市政府办公楼前静坐。政府象征性地给了一些政策之后，同行们又开始跟餐馆房屋的业主进行谈判，要求降低租金或者取消合同，但都没有什么实质进展。这些同行每到晚上饭点过后，就会三五成群聚在一起，喝着闷酒，打着牌，骂着政府和业主。

林强本来也想和这些同行一起去争取点利益，但后来冷静地想了想，还是觉得浪费这个精力还不如自己把这个店做好。于是，在别人都去静坐、谈判、打牌、喝酒的时候，他与厨师长一起商量菜品的定位、菜品的创新，和前厅经理一起策划细节服务、促销办法、人员培训等。又过了三个月，经过林强和团队的一起努力，他的这家餐馆已经焕然一新，首先是菜品非常有特色，回头客特别多，其次是服务非常到位，客人们都赞不绝口，而且在他们这个餐馆请客，做东的客人特别有面子，再次是他们店的装修、环境也非常到位。三个月后，虽然马路还在施工，虽然周边的餐馆都生意惨淡，但林强的餐馆却逆势飞扬，每天都有排队等座的，每张台每天至少要翻台5~6次，生意红红火火。

周边的同行纷纷过来打探，请教林强的金刚钻，林强笑着说："没啥，我们就是在大家都抱怨的时候，自己练了点内功，借机会比大家多跑了几步，大家重新沉下心来，一定会撵上来的。"

林强面对马路维修、可能的大牌竞争对手进入等不利因素，并没有转移精力，他知道这些事情都是关注圈的事情，自己的那点努力是不足以左右这些事情进展的。唯一能做的，就是自己影响圈的事情，创新菜品、强化服务、培训人员、改善环境等。不断增大影响圈，最后会慢慢影响关注圈。

思维决定人的心态，心态决定人的做事逻辑，行动决定命运。光明的思维者，从失败中看机会；黑暗的思维者，从机会中看失败。我们面对困难和挫折的时候，通常有三种心态可以选择。

一级心态：看到世界有黑暗也有光明。即如果南方黑了，还有北方是光明的。这种心态是大多数人的心态，黑暗还是光明都是客观存在的，与我没有关系，我无论在黑暗中还是光明中，都是一样的生活。

二级心态：看到黑暗可以转化为光明。虽然现在是黑暗，但终究有一天会重见光明。"塞翁失马"的故事中，主人公塞翁就是这种心态。告诉我们一时虽然受到损失，也许反而因此能得到好处，坏事在一定条件下也可变为好事。人的心态也是这样，一定要乐观向上。

三级心态：无论黑暗与光明都能充实人生。发生即恩典。这是超出常人心态的最高境界，这种心态要摒弃自己的分别心，不要从自己的主观意愿去把结果分成好的和坏的，如果没有好坏之分，任何所谓的磨难和坎坷，都是上天恩赐给我们人生修炼的最好礼物，没有这些磨难和坎坷，就不能充实我们的人生。

【心理自测】积极影响

该测验由 10 个问题组成，完成测验大约需要 5 分钟时间。题目中是有关你当前心态的描述，请判断这句话在多大程度上符合你的实际情况或你在多大程度上认同这句话的内容。

请在右侧的 5 个选项中，在最符合自己的选项里画"√"。请根据自己的第一印象尽快选择答案，不要过多思考，以免影响结果的准确性。

题号	题目	完全不符合	不太符合	有点符合	比较符合	非常符合
1	我认为，必须要有 50% 以上的成功把握，才值得把时间投资在某件事上					
2	在职业竞争的环境中，有的人因为自己的能力不足而被淘汰掉，这是很正常的					
3	当自己工作表现不佳的时候，人们应该主动辞职，以免受到被人解雇的羞辱					
4	我希望把困难的工作分配给我，因为我要比其他人更有热情来面对挑战					
5	看到自己不断得以进步和提高，这是让我对做事情感到快乐的重要原因					
6	面对能衡量我能力的机会，我感到是一种鞭策和挑战					

(续)

题号	题目	完全不符合	不太符合	有点符合	比较符合	非常符合
7	我会被有困难的任务所吸引，因为只有做有难度的工作才能真正使人有所进步					
8	我喜欢面对没有把握解决的问题，我会坚持不懈地付出努力，直至最终解决					
9	给我的任务即使尚有充裕的时间，我也习惯于立即着手开始做，而不愿等待					
10	我宁愿不断学习掌握新的工作方法，也不愿只选择去做自己擅长做的那些事					

计分方法：

1. 第1、第3题从"完全不符合"到"非常符合"依次记5到1分。

2. 剩余题目从"完全不符合"到"非常符合"依次记1到5分。

3. 总分为以上得分加总，由低到高分为5个等级。

等级	分数段	解释
1	40~50分	有很强的积极影响意识，有强烈意愿去改变现状
2	30~40分	有较强的积极影响意识，愿意去改变一些东西
3	20~30分	听从的态度，有人带领就跟随
4	10~20分	对周边的环境现状有一些消极
5	10分以下	职业倦怠感极强，需要马上调整

第八章

严格自律——自律带来更大自由

- 作为中层，必须无条件坚决执行公司的制度规范，不能因个人好恶擅自进行改变。
- 自律的关键是内在约束，是培养好的品格和习性。
- 在企业里，做到正派廉洁、严格自律，是能成就更大事业、获取更大舞台的前提。

施主：人追求自由，不喜欢有约束，和尚被很多清规戒律所约束，你是怎样去克服的？

大和尚：请问这位施主，你开车去外地，走高速公路快，还是走乡间小路快？

施主：当然是高速公路快！

大和尚：高速公路和乡间小路，有什么区别？

施主：高速公路封闭、标志明显、限制低速、路也好，乡间小路路况不好，杂人多。

大和尚：高速公路有很多限制，所以你的车会跑得快；乡间小路没有任何限制，所以你的车跑得慢。

一、什么是自律

自律，指在没有人监督的情况下，通过自己要求自己，变被动为主动，自觉地遵循法度，拿它来约束自己的一言一行。自律并不是让一大堆规章制度来层层地束缚自己，而是用自律的行动创造一种井然的秩序来为我们的学习生活争取更大的自由。

很多人都有这样的心理：规矩是给别人定的，而我可以想办法突破它。实际上，在契约社会中，只有人人都以自觉约束的方式享受自由，才能获得持续的权利。

常言道：高者多瑕疵。也就是说，在人们眼中，越是处于高位的人，毛病越多。比如，公众人物一般都会有各种"门"的困扰。这是正常的社会心理现象。

《易·乾》："上九，亢龙有悔。"孔颖达疏："上九，亢阳之至，大而极盛，故曰亢龙，此自然之象。以人事言之，似圣人有龙德，上居天位，久而亢极，物极则反，故有悔也。"意为居高位的人要戒骄、要自律，否则会失败而后悔。

自律是严于律己、宽以待人的一种心态与行为，是务实向上的处事态度，是防止"亢龙有悔"的立身原则。

自律是对自己的严要求，自律的对象是自己的心态、自己的观念、自己的言行。有了自律心可以更好地认清自我，可以更好地适应环境，可以获得更大的自由，可以更好地端正做人态度，可以更快地获得成功。

人的一生如波谷波峰般起伏跌宕，正所谓三十年河东，三十年河西，如何宠辱不惊，在波谷时不沉沦，在波峰时不懈怠？唯有严格自律！

二、自律带来更大自由

1. 自律之一：遵章守法

没有规矩不成方圆。企业要有序运转，需要一系列的流程制度规范作为保证。作为企业的一员，必须无条件地坚决执行，不能因个人好恶擅自进行改变。

社会要和谐发展，也需要社会每名成员必须要遵守相应的道德准则和法律规范，做对企业、社会、家庭负责任的人。

遵章守法，要求作为企业人，要遵守企业的规章制度；作为社会人，要遵守社会的法律法规。企业人和社会人，如果个个都是遵章守法的楷模，那企业的秩序和社会的秩序都会变成良性，会极大地提升企业运营效率和社会的运作效率。

曹操在官渡之战中，就是因为从自己开始践行"遵章守法"的规范，才能让三军将士令行禁止，提升战斗力，我们来看看曹操是怎遵章守法的：

曹操准备和袁绍在官渡进行战略决战。战前，曹操精辟地分析了双方形势后，认为："我虽不及袁绍兵多地广，但我军号令严明，故能以少击众。"要夺取决战的胜利，必须进一步整肃军纪，于是他命令："全军将士，上至统帅，下至马夫，行军训练，不准践踏庄稼，不准打骂百姓，不准调戏女子，不准侵犯民利，违令者斩首。"从此，部队行军训练十分谨慎，遇有麦场，骑兵下马，扶麦而行。百姓见状，交口称赞。

说来也巧，曹操一次出巡，偏偏他乘坐的战马在途中受惊，跃入麦田，践踏一片麦苗。曹操忙从马上跳下，立即下跪，请求掌管军法的主簿按军令斩首示众。

主簿觉得统帅乘骑踩了麦苗，是因为马突然受惊，不是故意践踏庄稼，不能以斩首论处，便对曹操说："按照《春秋》大义，法不加尊。你身为全军统帅，虽犯军令，亦不能斩首。"曹操听后气愤地说："什么《春秋》大义？我身为统帅，自己制定法令，自己违法而不受处罚，那怎能统驭部众？"

主簿又解释道："统帅违令，非同小人，可以免刑。"曹操见主簿不敢军法从事，便自拔佩剑，意欲当众自刎。众将惊慌不已，还是主簿手疾眼快，一把夺下曹操手中的宝剑。诸将纷纷跪下求道："曹公，你身为全军之首，宏图未展，壮志未酬，怎能轻生？若将你斩首，全军将士何人统帅？当今天下何人统一？"

曹操听了众将劝慰，深深地叹了一口气，恳切地说："我虽不能斩首，但一定要加刑。"说着，又夺回利剑，刷地一声将自己的头发割下一大把，掷在地上，以代斩首。接着他又下令传谕三军：统帅战马践踏麦苗，本当斩首，众将不允，遂割发代首，务望全军将士严守军法。

全军将士得知此事，十分佩服曹操严于律己的精神，自觉遵守纪律。不久，曹操统率这支严格训练、严明军纪的两万精兵，一举击败袁绍十万众兵，取得官渡决战的胜利。

2. 自律之二：正派廉洁

自律的关键是内在约束，是培养起好的品格和习性。

儒家讲"仁、义、礼、智、信"，佛门讲要修成正果必须做到五戒：不杀生、不偷盗、不邪淫、不饮言、不妄语。这些都是自律的要求。作为现代人，要想成为对家庭、对企业、对社会有价值的人，必须要做到：为人清白、处事干净、待人真诚、生活健康，从日常的行为培养自己良好的品格和习性。

不以善小而不为，不以恶小而为之。

某公司的采购总监职位空缺了，总经理召开班子会，商讨从内部提拔一位部长去担任该职位。人力资源总监首先根据在公司年限、历史业绩情况、360度领导力评估结果等公司内部的一些晋升原则，筛选出了三位候选人。随后班子成员根据人力资源部的打分表，分别对三位候选人进行了打分，结果出来之后，现任的采购部长赵青得分排在最后。

大家七嘴八舌地对三位候选人进行了全方位的评价，舆论的导向基本是得分第一的生产部长。最后，一直没有发言的总经理开口了："我建议提拔赵青。没有别的理由，就凭这一张单子，大家就能理解我为什么选赵青。"

总经理拿出的这张单子在班子成员当中传阅，这是一张手写的"受贿清单"，从赵青担任采购部长的那一天开始，他就把所有供应商给他送的财物记在了这张单子上，如数上交公司。

正派廉洁者得到了所有参会高管的尊重。

而在另外一家公司，类似的场景也在上演，只不过这次的主角是现任采购负责人徐经理。人力资源已经多次在总经理办公会上建议提拔徐经理，但是总经理迟迟没有表态。到会议结束时，总经理说出不同意提拔的理由：

"我们每个人在做好事的时候，其实老天都在看着，总会找个时间去回报他。我们每个人在做坏事的时候，自己感觉好像没有人知道，但没有不透风的墙，终有一天会得到另外一种回报。正派廉洁是我们公司对干部的第一条要求，如果没有做到，在公司就不会有发展。"

在企业里，做到正派廉洁，做到严格自律，是能成就更大事业、获取更大舞台的前提。

3. 自律之三：知止而后定

知止，就是知道做事到什么程度应该停止了。小孩子很容易沉湎于网络游戏的世界，常常会因为玩网游而忘记时间、忘记睡觉、忘记吃饭，这就是不成熟的表现，"不知止"。

中层管理者成熟的重要标志就是"知止"。

销售部长鲁君，为了拿下一个大订单，亲自赤膊上阵，在几经周折把客户的决策者请到饭桌上的时候，鲁君就已经决定要"拼"了。果然，酒过三巡之后，客户也高兴了，不断地跟鲁君叫号："这杯干了，我就再买你们一套产品！"鲁君当然不能放掉这个机会，两小时下来，他基本已经话都说不清楚了。

晚宴结束了，但按照规矩，活动还没有结束，客户直接提出："K歌去！"鲁君一挥手："奉陪！"

歌声飘扬过程中，客户方的一位联络人在鲁君耳朵边小声说："该安排点'荤'的了。"鲁君自然知道这个"荤"是什么意思，他以去洗手间为名，自己好好地洗了把脸，让自己冷静下来，不断地自问：为了订单，要突破底线吗？

当鲁君再回到包房的时候，他倒头装睡，就这样在"半梦半醒之间"，陪着客户唱完了歌，把客户送上了车。

鲁君最后选择了"知止"，他后来跟下属解释：订单固然重要，但价值观的底线比订单更重要，订单丢了还可以去再找，但如果价值底线丢了，人也就丢了。

现实的社会中，现在的企业中层每天都会遇到太多的诱惑，有职业发展机会的诱惑（比如更好的职位和薪水），有食色这样基本需求的诱惑，有金钱和权力的诱惑等。面对多样化的诱惑，中层管理者更应该严格自律，世界上没有免费的午餐，也没有唾手可得的成功，每个诱惑的背后，都是需要牺牲自己更大的代价，知止而后定。

4. 自律之四：信守承诺

老孙在会议中接了一个电话，人力资源部约他明天下午开会讨论公司誓师大会策划的问题，老孙负责公司品牌建设工作，誓师大会这样的重要活动一般会请老孙出出主意，另外做一些外部联络的配合。老孙满口答应了。

放下电话，下属问道："老孙，明天下午你不是已经约了媒体见面会的事情吗？哪有时间去参加人力资源的会？"

"没事，明天下午再说。"老孙满不在乎地说。

第二天下午，老孙在媒体见面会上狂侃，一转眼就到下班时间了，拿出手机一看，10个未接来电，都是人力资源的电话。老孙回电话过去："哎呀，真对不起，我这临时出了点事情……"

中层管理者，都是上有老（领导）、下有小（下属），每天工作中的一言一行，都有人在观察，在每次对上或对下做承诺的时候，如果已经意识到无法完成承诺，就需要及时收回承诺，老孙从态度上根本不认为这是个问题，所以在同事那留下了"不负责"的形象。承诺之后，如果遇到突发事件，需要马上跟承诺对象沟通解释，得到对方谅解，老孙从态度上认为突发事件是免责的，所以也给同事留下了"不靠谱"的印象。

这样的中层干部，上级能够倚重他吗？下级能够信任他吗？

三、以身作则——从领导做起

作为一名中层干部，既是一种荣誉，更是一种责任；既是一种信任，更是一种压力，因为上下左右一堆人在死盯着你。这时，严格自律、以身作则，就显得尤为重要。

先看一个中层干部的感悟：

> "年底的集团管理会议将在胜利宾馆召开。会议定于早上8点开始，没想到凌晨下了一场大雪，路面极滑，各种车辆在路上像蚂蚁一样缓慢地爬行。我想今天麻烦了，肯定有很多人要迟到。
>
> "当我进入会场的时候，大吃一惊，竟然有人已经提前到达了会场，他们比正常时间提前出来1个多小时。但仍然有40多人因大雪迟到，其中包括董事长，尽管也提前出来但还是迟到了。
>
> "因此会议推迟近1小时召开。会后董事长宣布：学习'没有任何借口'，凡是今天迟到的，每人按公司规定罚款100元。
>
> "一时间大家感觉是不是太不近人情了，毕竟下大雪是事实。
>
> "事后人们都很感慨，认为董事长如果顾及面子，不对迟到的人进行处罚，这很有可能给各级干部带来一种违反制度讲客观理由的不良风气，而且这种风气必定会无止境地向下蔓延。因此，以身作则、没有借口应始终成为管理者的工作作风！"

这位中层的感受,说出了成功领导的关键威信和魅力所在,那就是"严格自律、以身作则"。作为中层管理者,对下属而言,就是身边实实在在的标杆,如果中层做不到的事情,如何要求员工做到?如果中层说得比做得好,如何服众?

在当今企业里,很多人从员工当上中层领导之后,会放松对自己的要求,要求下属不能迟到,但自己迟到无所谓;要求下属工作精益求精,自己工作马马虎虎;要求下属见客户穿正装,自己却穿便装等。这些没有处理好对别人要求与对自己要求一致性的领导,自然会在员工心中树立起"说一套、做一套"的形象,长久下去,团队执行力就会大打折扣。

【心理自测】严格自律

该测验由 10 个问题组成,完成测验大约需要 5 分钟时间。题目中是有关你当前心态的描述,请判断这句话在多大程度上符合你的实际情况或你在多大程度上同意这句话的内容。

请在下表右侧的 5 个选项中,在最符合自己的选项里画"√"。请根据自己的第一印象尽快选择答案,不要过多思考,以免影响结果的准确性。

题号	题目	完全不符合	不太符合	有点符合	比较符合	非常符合
1	随着年度长假的临近,通常我会越来越无心工作和学习,心里会不时地想着好玩的事情					
2	对于计划好的工作,如果时间超出预期,我会花工作以外的时间完成,而非调整工作计划					

(续)

题号	题目	完全不符合	不太符合	有点符合	比较符合	非常符合
3	我给自己订的计划，常常会因为我自身的原因而被调整或者放弃，比如没时间或失去了热情					
4	当决定做一件事情时，通常我会尽快行动起来，而不愿等到时机和条件成熟后再开始					
5	为了掌握高超的球技或提高自己的身体素质，我曾经长期不懈地进行枯燥的基础技能和体能训练					
6	我崇尚"言出必行，一诺千金"，有时候即使知道自己的诺言是错误的，也要负责到底					
7	我常常因为沉溺于感兴趣的工作以及各种有趣的娱乐活动而使生活作息时间缺乏规律性					
8	我有时下定决心从第二天开始做某事或开始新生活，但到了第二天，我的劲头就没了					
9	我做一件事情的积极性，主要取决于这件事情的重要性，即该不该做；而不在于对这件事情的兴趣，即想不想做					
10	我通常只做自己感兴趣的事情，对于其他事情，能不做就尽量不做，能拖就拖					

计分方法：

1. 第1、第3题从"完全不符合"到"非常符合"依次记5到1分。
2. 剩余题目从"完全不符合"到"非常符合"依次记1到5分。
3. 总分为以上得分加总，由低到高分为5个等级。

等级	分数段	解释
1	40~50分	有很强的自律性，对自己严格要求，从不懈怠
2	30~40分	自律性较强，一般的诱惑是可以抵挡的
3	20~30分	自律性一般时好时坏
4	10~20分	自律性较差，容易根据自己的兴趣调整
5	10分以下	没有自律性，完全随性

第九章
低调务实——水低成海，人低成王

- 在人的一生中，能够立根基的事不外乎两件：一件是做人，一件是做事。
- 如果中层管理者事事好大喜功，那么必定很难打造一个高绩效团队。
- 作为中层，往往是大家眼光聚焦的位置，更应在衣食住行等各方面甘于平凡。

三国时代，三分天下，三位主公各有特点。个人能力最强的当属曹操，爬到丞相岗位可以"挟天子以令诸侯"，个人能力最差的当属刘备，除了哭确实不会做什么，但是，在魏、蜀、吴三国中，人才最为丰富的当属蜀国，无论是武的关羽、张飞、赵云等五虎上将，还是文的谋臣诸葛亮一人抵全军万马，每个人拿出来在当时都是一等一的高手。

刘备这么没有能力，怎么就能笼络住这么多高水平的人才呢？

仔细分析，是刘备巧妙地做到了"地低成海，人低成王"！

首先，作为皇亲国戚，竟然放下皇叔的身份，在桃园与屠夫张飞、通缉犯关羽结为兄弟，让我们今天看来都不可思议，但是，就越是把自己放低，越是得到这些兄弟的跟随，桃园结义的三兄弟，确实最后都互相对得起。

其次，赵云在曹营乱军之中，单骑救幼主，冒着生命危险把刘备的儿子阿斗救了出来，当赵云把阿斗送到刘备手中的时候，意想不到的事情发生了，刘备竟然愤怒地把儿子扔在地上，说："为了你，险些损失了我一员大将！"不管刘备当时是真情流露，还是逢场作戏，但把自己的儿子的地位放低到爱将之下的时候，哪个将军不愿肝脑涂地！

最后，刘备为了初出茅庐的书生诸葛亮，竟然放下身价，三次登门，诚意邀请其出山共谋大业，让人为之敬佩。要知道，刘备无论是出身、年龄，还是当时的成就，都远远在诸葛亮之上，本来能出面去请诸葛亮，就已经是够给面子了，但是刘备能够放低姿态，三顾茅庐，可见他真的是求贤若渴。

刘备三次放低自己，得到了一代名将，得到了千古名相，更得到了三分天下有其一！

地不畏其低，方能聚水成渊；人不畏其低，故能孚众成王。正所谓"地低成海，人低成王"，人行于世，以低求高、以曲求直，才能开创更大的发展空间。

有这样一副对联，写得十分有趣，可以说是道出了低调做人的真谛。上联是：做杂事兼杂学当杂家杂七杂八尤有趣。下联是：先爬行后爬坡再爬山爬来爬去终登顶。横批是：低调务实。

在人的一生中，能够立根基的事不外乎两件：一件是做人，一件是做事。而最能促进自己、发展自己和成就自己的人生之道便是：低调做人，务实做事。

古人云：欲成事先成人。钱钟书说过：以出世的精神做入世的事。低调做人，务实做事，是一生做人做事的准则。

低调做人，就是要有一颗平凡的心，把自己放在最低处，才不至于被外界左右，才能够冷静，这是一个人成就大事的最起码的前提。

低调首先要求不要"把自己当回事"，不要总是在众人面前端着架子；其次要有一个智者成熟的心态，不争功，不张扬；最后要能放得下，不必把名利放在心头。

木秀于林，风必摧之；人孚于众，众必毁之。

一、我们很容易高估自己

康乃尔大学行销学教授爱德华·拉索和芝加哥大学保罗·舒梅克曾向1000名企业主管提出这两个问题：

A. 一架波音747客机如果没有运载任何东西，可能有多重？请提出最高和最低的估计数字，而且这两个数字差距必须足够大，使正确答案位于两者之间的可能性达到90%。

B. 请问月球直径有多少英里，提出最高和最低的估计数字。同样，这两个数字的差距要足够大，使正确答案位于两者之间的可能性达到90%。

正确答案：A. 39万镑；B. 2160英里。

事实上，这两个问题的答案并不重要，重要的是要评估一下，在回答这两个问题的1000个主管当中，大家都表现出什么状态。

通过观察这1000个人回答问题，两位教授得出这样的结论：大多数人容易高估自己的能力水平，当他们对答案的正确性有70%的把握的时候，实际上只有不到50%的可信度；当他们对答案的正确性有十足把握的时候，实际上只有不到70%的可信度。

上面的例子：说得动听一点，就是乐观，而且这样的心理习惯对人类社会的发展也起着驱动的作用，并使我们能够快乐地面对生活。

说得不好听，就是过度自信。过度自信的心理是这样维持下来的。即使你做了一件失败的事，可你对这件事的看法，与别人对这件事的看法是大不一样的。"赢了是我能干，输了则是时运不济。"如果事实证明你的作为或想法正确，就归功于自己高超的能力。相反，如果事实证明你的作为或想法不对，你就推说这是由于运气太差。

同样，跟别人拥有的同样事物相比，把自己的东西看得更有价值。不仅对具体事物是这样，就连经验、理想也是如此。这样的心理，会让人把自己的东西看得太重要，只因为这是自己经历过的。

因此，人的过度自信是一个最为普遍的问题，其所带来的潜在破坏性也是最大的。

古今中外，过度自信所带来的悲剧，比比皆是。

拿破仑曾经说过：在我的字典里面，就没有"不可能"这个词！

在拿破仑不断地取得战斗胜利的时候，他对这句话更是坚信不疑，也就更增加了他的自信。"水满则溢，月盈则亏"，千古自然规律都是如此，拿破仑不是神仙，也逃不过这个规律。

直到滑铁卢之战，拿破仑的字典里终于出现了"不可能"。如果他能有一个低调的心态,能够听从身边人的提醒,能够冷静地面对自信,或许法国大革命的历史需要重写。

自信到极端,就是自恋,而且是盲目的自恋。自恋最大的危险就是让人分不清理想与现实之间的距离。

拿破仑被过度的自信宠坏了,他不知道,自己一副高高在上的姿态,一副得意忘形的面孔,一副颐指气使的神情,一副专横跋扈的气势……以这种傲慢的姿态处世,迟早会失败。

二、我们都希望比别人强

心理学家曾经做过一个测试,让一些测试者选择团队伙伴共同去完成一项工作,候选的团队伙伴有三类:第一类是比测试者能力强的高水平人员,第二类是与测试者能力相当的人员,第三类是能力比测试者差很多的人员。

经过选择,大多数测试者选择了第三类或第二类,很少选择第一类人员。

实验的结果表明:人们本能地对比自己强的人产生排斥。人们在团队中,都想充当强者的角色,都希望自己比别人强。这也成为"反光镜现象",即优秀的人就像反光镜,容易反射出别人的缺点。

在企业组织里,团队的作用越来越大,越来越多的任务不能只依靠一个英雄,而是依靠团队共同完成,所以团队里面就需要分工,分工就意味着每个人都应该到合适的岗位,做合适的事情。

所以作为中层而言,在团队中就应该主动放低姿态,避免自己成为团队中的"反光镜",并不断发现团队成员的优势,加以发挥,带领团队完成任务。

如果中层管理者乐于耍小聪明,居高临下,事事偏行己路,事事固执己见,事事好大喜功,张扬而且近乎张狂,叫别人失去了展示自我的舞台，叫别人丧失了成长自我的空间，那么必定很难打造一个高绩效团队。

低调者必须知道一个道理：个人的知识和能力是有限的，依靠和利用团队成员的知识、经验和能力共同完成项目是明智的选择，他不会担心自己的功劳被别人抢走。相反，他会承认自己的局限，借力团队，来完成自己一个人无法完成的事情。

三、要有一颗平凡的心

中国加入世贸组织谈判的首席谈判代表龙永图先生，曾经遇到过两件可以对比的事情，两者的对比给他的触动很大。

第一件事情是某次出差，在国内的一个机场候机厅，突然传来了热闹非凡的声音，整个候机厅立刻就被一种热情洋溢的氛围所笼罩，他看到一大群人正在簇拥着一个人走向登机口，经过询问，龙永图得知，这是一位县委书记要出国考察，属下几十号人一起来为领导送行。

第二件事情是他在意大利一个小镇参加一次国际会议，虽然会议的规格很高，有大批国际名人参加，但会场布置得很简朴，没有什么领导席、贵宾席，参会人员都是随意坐在一排排的普通长凳上。龙永图来得比较早，就找了个空位置坐下，随后有一位举止文雅的老太太也坐在了他身边，并很有礼貌地向龙永图微笑点头，龙永图趁会议还未开始，就与这位和蔼的老太太攀谈起来。

待会议结束之后，龙永图想起忘了问这位老太太是何许人也，便向会议组织者打听这位老太太的身份，组织者很是惊讶地说："你真的不认识她吗？她就是荷兰女王啊！"

国内和国际的两次触动，让龙永图感触颇深：一个国内的县委书记，谱摆得像个女王；一个真正的女王，倒像个邻居大妈！

越是功成名就者,往往越是低调做人的典范。

作为一个中层干部,身处组织中间,往往也是大家眼光聚焦的位置,更应在衣食住行等各方面,甘于平凡、乐于平凡,不追求突出显贵,不追求奢侈名牌,而是追求实用有效。

有寓言故事说,马车上装着两只水桶,晃动得最厉害、发出声音最大的恰恰是那只没装水的空桶,而那只装满水的水桶则沉稳地"安坐"在车上,没有人注意到它,它安闲地享受着自己的充实,因为充实所以低调。

四、把自己放在最低处

闫然晋升的申请,又被公司总经理办公会否决了,理由是:群众基础不够。这是闫然做部长职位5年来的第三次被否决晋升。

闫然很郁闷,找到自己的领导、总经理办公会成员李总,想了解一下到底是为什么。

李总语重心长地说:"如果你能把自己放在低处,下次晋升就能通过。"

闫然不理解。

李总继续说:"比如,你当部长之前,做的是总经理秘书的职位,谁都知道这是距离领导最近的职位,你做秘书的时候,经常在公司内部四处替代总经理发号施令,大家都是敢怒不敢言。当你当上部长以后,本来大家以为你远离了靠山,是不是就收敛了呢?可是你一直认为是自己干得好,被提拔了,仍然每天高高在上,甚至对公司的很多老总都不放在眼里。在同级的部长当中,你对其他部长也不够尊重,总是拿出当初当秘书的语气指派工作。对自己部门的下属更是如此,经常以训斥的方式进行管理。在你提出晋升申请之前,人力资源部做了360度的民主评议,你的得分是晋升候选人中最低的,大家共同的反馈是'恃才傲物,个性太强'。工作业绩方面,你已经有了不错的结果,如果在与上下左右同事打交道过程中,能够放低自己,那你才能再次实现进步。"

听了李总的话,闫然陷入了沉思。

在公司里面,像闫然这样不低调的中层大有人在,他们由于所处的位置,不容易得到公正的反馈,自己的直接上级,碍于还要发挥才干优势、调动积极性,有时候也就睁一只眼、闭一只眼任其发展,自己的下属,没有合适的机会,自然也不会去随便得罪自己的领导,所以能够放低自己成为中层者修炼的一大障碍。

职业发展的道路上,如果走的是下坡路,自然会扬着头,只有爬坡的时候,人才会低着头。

五、不要把自己太当回事

大雁与青蛙结成了朋友,当大雁要飞回南方的时候,青蛙表现得依依不舍。大雁说:"你要是也能像我一样飞上天空就好了。"青蛙灵机一动:"那你衔着一根树枝,我再咬住这个树枝,你不就能带我飞上天空了吗?"大雁非常高兴,随后大雁衔着树枝、青蛙咬着树枝,果真飞上了天空。正当它们幸福不已的时候,有一只小鸟羡慕地问:"谁这么聪明想出这个办法的?"那只青蛙生怕错过了表现自己的机会,于是大声说:"这是我想出来的……"话没说完,便从空中掉下来了。

每天从睁眼的那一刻开始,中层心里都在围绕着"自己"展开工作。穿这件衣服是不是会让自己漂亮?在早会上讲话的时候,自己讲得是不是有激情?领导今天回复的邮件中是不是对自己有表扬?下属是不是愿意继续跟着我去干?

中层很多的烦恼，也恰恰是由于"太把自己当回事"造成的。

韩岭从销售员做起，业绩斐然，三年内实现了三级跳，年纪轻轻就当上了公司销售部长，掌管公司一年70%的主营业务销售收入，下属的团队成员也遍布大江南北。要说起韩岭拿单的水平，公司销售团队的人员都会竖起大拇指，甚至有的销售员直接就跟韩岭说："部长，你可不能生病啊，你要是离开岗位超过一周，就会影响公司几百口人的生计啊！"

韩岭听起来十分受用。

年底在公司年度评优的时候，韩岭竟然名落孙山，业绩不错的他竟然连提名都没有获得。韩岭心里不痛快：这公司一年70%的钱都是我给你们赚的，怎么年底公司连个表示都没有？

带着怨气，韩岭跟总经理提出要给自己加薪两倍，如果公司不答应，就辞职。

韩岭认为，总经理一定会同意加薪的要求，甚至加薪幅度不止两倍，毕竟明年公司更加繁重的销售任务还得自己带着团队去完成，没有我，公司怎么发展？

事与愿违，总经理的回复是：不加薪，可以增加明年的目标奖金基数，做到了，就多给奖金。如果韩岭提出辞职，公司会批准。

一怒之下，韩岭辞职。他想要好好报复一下公司，让他们尝尝没有自己之后，公司业绩会出现多么大的滑坡。

离开公司半年之后，韩岭与过去的下属吃饭的时候，问起公司的业绩是否有了大幅的下滑。下属回答：比去年增长超过100%！

韩岭还是把自己太当回事了，其实公司离开谁，都照常运转；地球离开谁，都照常日出日落。

我们是世界上最为普通的人，我们不可能拯救世界，也不可能拯救别人，我们就是芸芸众生中的一员。在企业里，我们虽然做到了中层，但企业离开谁都照样转，千万别太把自己当回事。

六、有多大能耐办多大事

一个中层管理者的能耐到底有多大？

不同人可能有不同的能耐大小，但至少可以确定的是，中层管理者的能耐是有限的。

那么，一个中层管理者的舞台有多大？

不同人自然有不同的理想和目标，可以确定的是"心有多大，舞台就有多大"。

有限的能耐，相对于无限的舞台，中层的问题就很容易出来。以有限的能耐要去实现无限舞台的理想的时候，就容易让自己活得没有成就感，容易让自己产生失落感。

其实，我们应该客观地认识自己的能耐，有多大能耐就去办多大的事情，实事求是、量力而为、尽心尽责，有多大的能耐，就说多大的话，做多大的事。这是真正务实的态度，不要做超越自己能耐的事。

1. 实事求是

能否做到实事求是，不仅反映了管理者的作风，更反映出管理者的品格。无论何时何地，都要坚持讲老实话、办老实事、做老实人。

对自己所从事的工作领域，要做到心中有数，谁也骗不了我，这样才能把事情做实，把简单的事情做好就是不简单，把平凡的工作做好就是不平凡。如果中层管理者每天都浮在表面，每天都在打着无关痛痒的官腔，那距离下岗就不远了。

2. 量力而为

作为中层管理者，每一个工作周期都需要制定所负责团队的工作目标，在制定目标的时候就需要量力而为，既不能设立"坐着"就能实现的目标，也不能设立"跳起来"也够不着的目标。中层必须清楚，目标能否实现，关系到公司对你能否说到做到的信任，如果自不量力，盲目自大，失去的不仅是一次业绩提升的机会，更是公司对你的信任。

人有思想，有判断力，制定目标时一定要掂量一下自己的斤两，一定要算清账，才能走得更远。

3. 尽心尽责

人生在世，无非"责任"二字，作为企业中流砥柱的中层，更是要挑起责任的大梁。尽心尽责，代表中层在企业工作的价值观，决定了中层未来还能走多远。

尽心尽责，首先要做到把自己当做企业的主人，有主人翁意识。有些中层会马上提出：我不是企业的所有者，并不拥有股权，为何让我有主人翁意识？

答案很简单：因为你是中层管理者。

如果这样要求每一位员工，可能有些强人所难，但要求一个中层，还是在情理之中。如果一个中层在做决策的时候，始终站在一个旁观者的角度去判断，那他做出的大多数决策都不会得到企业的认可，自然也就慢慢失去了中层的位置。

在一些能进行股权激励的民营企业或上市公司，中层心里盘算：如果给我一点股票，我就提升点主人翁意识。殊不知，最高决策层的逻辑是：如果你让我看到了主人翁意识，我就给你股票。不管是蛋生鸡，还是鸡生蛋，中层在这个问题上，还是应该变被动为主动。

有了主人翁意识，就可以很好地、自主地平衡打仗与建设的关系；就在日常工作中，不会拿当期利益去损害未来利益；就会在做好今天事情的同时，做好明天的准备。

尽心尽责，其次要敢于承担责任，不推卸责任。凡遇到事情就第一个拍屁股开溜的中层，可以断言他不会再有发展；凡遇到问题百般推诿、不敢主动承担的中层，也可以断言他不会再有前途。

不论是企业的高层，还是下属的员工，都希望与那些敢作敢当、敢于承担的人共事。换位思考一下，你在组建团队的时候，如果有不愿意承担责任的员工，你对他如何评价？

尽心尽责，最后要想方设法兑现承诺，为了目标要进行100%的努力。努力兑现承诺是中层执行力的关键。中层所承担的工作，大部分并不是容易完成的，否则就不需要中层，在完成工作或解决棘手问题的过程中，难免会出现各种各样的羁绊，只有下定决心、排除万难，有条件也要上，没有条件要创造条件上，这样才能实现尽心尽责。

【心理自测】低调务实

该测验由10个问题组成，完成测验大约需要5分钟时间。题目中是有关你当前心态的描述，请判断这句话在多大程度上符合你的实际情况或你在多大程度上认同这句话的内容。

请在下表右侧的5个选项中，在最符合自己的选项里画"√"。请根据自己的第一印象尽快选择答案，不要过多思考，以免影响结果的准确性。

题号	题目	完全不符合	不太符合	有点符合	比较符合	非常符合
1	我总希望得到别人的肯定，一被批评就会心情低落					
2	我忍受不了情绪化的人					
3	我常常觉得无法控制自己的情绪					
4	我对娱乐八卦等很感兴趣					

(续)

题号	题目	完全不符合	不太符合	有点符合	比较符合	非常符合
5	只要自己觉得没有错就行了，我不介意被人误解					
6	如果店员的服务态度不好，我会告诉他的经理					
7	我认为自己是一个很有魅力的人					
8	买衣服时，我一般凭自己的感觉，别人的意见对我没用					
9	在谈话和与人交流中，我时常提到自己的事情					
10	与争强好胜的人相处，我会感到不舒服					

计分方法：

1. 第1、第3、第10题从"完全不符合"到"非常符合"依次记5到1分。

2. 剩余题目从"完全不符合"到"非常符合"依次记1到5分。

3. 总分为以上得分加总，由低到高分为5个等级。

等级	分数段	解释
1	40~50分	过于自负，有自恋倾向，需要立刻自省
2	30~40分	个性过于张扬
3	20~30分	能清醒认识自己
4	10~20分	谦虚谨慎，不刻意强调自己的优点
5	10分以下	有随意安稳的态度，不用让自己活在他人的视线里

第十章
外圆内方——永不放弃自己

- 执著本身没有错,错的可能是你所在的道路不正确,这时何不变通?
- 把握好进退的时机和分寸,是大智者。作为中层,更要充分感受进退的学问。
- 一个好的中层管理者,应该懂得使用"胡萝卜加大棒"的方式去管理下属。

著名教育家黄炎培在给儿子写的座右铭中有这样的话："和若春风，肃若秋霜，取象于钱，外圆内方。"黄老先生的话，实际上是对"外圆内方"的一个很好的解释。在他看来，"圆"就是要"和若春风"，对朋友、同事、左邻右舍，要敬重、诚实、平易近人、和气共事；"方"就是要"肃若秋霜"，要认真，坚持原则。"取象于钱"，则是以古代铜钱为形象比喻，启发人们要把"外圆"与"内方"有机统一。真可谓言简意赅，发人深省。

外圆内方，源于我国古代的钱币，一枚铜钱，外圆内方，朴实无华，但这小小钱币中，蕴含着深刻的道理。

无规矩，不成方圆。孟子说过："规矩，方圆之至也。"方，是规则，是标准，是底线，是价值观；圆，是变通，是灵活，是融洽，是和谐。

内方，强调的是要有自己的做人原则，要有自己做事的底线，超出原则和底线的，绝对不能通过。

外圆，突出的是要对外面的人和事，要懂得尊重，要讲究技巧，要能屈能伸，要以柔克刚，要懂得"识时务"。

如果你内心没有了"方"，那你就失去了人生的标准，失去了做人的准则，你的内心慢慢就会空虚、混乱，无法指导自己外在的行动。

如果你外面没有了"圆"，可能会得罪人，给自己增加更多的压力，无法顺利推进自己想要做的事情，获得不了成就感和被尊重感。

作为企业的中层，要懂得建立和守住自己内心的"方"，锻炼和提升自己外部的"圆"，做到外圆内方，实现更大的自由。

一、外圆内方会变通

柳传志有个"拐大弯"的方法，他认为在企业从现状前往目标的路上，两点之间虽然直线距离最短，但可能难度最大。所以为了实现既定目标，不一定要走直线道路，可以拐弯走，既越过了难以逾越的障碍，又保证了目标的实现。

某企业三个产品线的经理，为了实现销售目标，共同盯上了一个大客户。A产品经理很执著，使出浑身解数去攻克大客户的决策人，但由于对方之前没有建立信任，始终没有突破性进展；B产品经理采用迂回路线，不直接找这个大客户的决策人，而是先找到这个大客户的另外一家长期合作伙伴，通过战略合作，绑定B产品，顺理成章地拿下了这个订单；C产品经理攻了一段时间之后，发现成功渺茫，就放弃了这个大客户，把所有的精力转移到另外一个大客户身上，取得了突破性进展，最终也完成了任务。

三个产品经理，遇到同样的大客户，遇到同样的问题，解决的路线不同，最终的结果也不同。第一位经理变通不足，有"不撞南墙不回头"的执著，但由于各种因素，最终还是撞到了南墙，以失败告终；第二位经理学会变通地"拐大弯"，不去硬碰硬，而是采用战略联合的手段，让出一部分利益，获得了更大的利益机会，实乃变通大师；第三位则索性迷途知返，另辟蹊径，也获得了成功。

变通需要有对原有规则的怀疑，需要有勇于探索的精神，变通不仅需要对现实情况重新审视，也需要对既定规则和逻辑进行怀疑。

我们在工作中，执著的精神固然可贵，但如果在执著的路上也出现危机，就需要用变通的智慧，去拨云见日，实现目标。

变则通，通则久。就是这个道理。

曾有一个毛毛虫实验，实验者把数十只毛毛虫首尾相连成一个圆圈，然后把食物放在圆圈中央，看看这些毛毛虫会不会找到食物。实验的结果是，每一只毛毛虫都固执地跟随上一只毛毛虫而行，即便食物就在身边也视而不见。可怜的毛毛虫团队，如果其中有一只能够变通，稍改变方向，那全体就都能吃到食物。

执著本身没有错,错的可能是你所在的道路不正确,这时何不变通?

人间正道是沧桑。沧桑就是指沧海桑田,是指万事万物总是在不断的变化中。如果我们工作与人生,都能够领会其中的"正道",不断地通过变通适应外部环境的"沧海桑田",那成功就在眼前。

唐朝名相李泌幼时就有"神童"之称,他7岁那年,玄宗召其进宫。当李泌入宫晋见时,玄宗正兴致勃勃地与魏国公张说下棋。玄宗想试试他的才能,便示意张说考考他。张说以棋为题问道:"方,好比是棋局;圆,好比是棋子;动,犹如使棋活了;静,就是棋死了。你能用方、圆、动、静四字来比喻弈棋的道理吗?"李泌立即脱口吟道:"方如行义,圆如用智,动如呈才,静如遂意。"这句话道出了外圆内方的修行办法。或许这是对外圆内方人格的最好注释。

变通使执著的信念达成,使前进的道路一帆风顺、步步为营。

所以,外圆内方需要我们真正地将"变通"与"执著"融合,真正获得思维的解放,或许我们会得到更多。

二、外圆内方知进退

进,是指入世的态度,要努力、拼搏、实现目标;

退,是指出世的态度,要收敛、平和、与世无争。

高超的中层管理者,知道什么时候、什么事情上,要进,更知道什么情境下要退。

《孙子兵法·谋攻第三》称"不知军之不可以进而谓之进,不知军之不可以退而谓之退,是谓縻军",作为将军,不知道军队在什么情况下应该出战,不知道军队在什么情况下应该撤退,这就束缚了军队的手脚,也不能成为合格的指挥者。

把握好进退的时机和分寸,是大智者。

柳传志在 2009 年联想集团巨亏的时候，再次出山担任公司董事长，很多人并不看好，因为大家在怀疑，一个很多年不具体管理业务的领袖出山，对业务的扭亏能起多大作用？另外，一旦不能实现扭亏，岂不让柳传志多年的名誉毁于一旦？

但柳传志并没有想这么多，只是认为在公司这个存亡之秋，需要给所有人吃颗定心丸，换句话说，柳传志出山这件事情本身的价值，已经远远超出是否能实现扭亏的价值。

到了 2011 年底，联想不仅赢利、运行良好，而且经过两年的努力，让产品在全球市场的占有率从第四名升至第二名，在形势一片大好、前途一片光明的时候，柳传志又宣布卸任董事长，退了。

柳传志见好就收的本事确实赢得了广泛的赞许，就像毛泽东对年青一代所说："你们就是早上七八点钟的太阳，世界是你们的，也是我们的，但终归是你们的。"知道进退的时机比进退本身更重要。

然而，历史长河中，又有几人能够做到知进退呢？在企业当中，又有几个中层知进退呢？

在中国的水稻种植地区，农民人工插秧的时候，采用的是"退行插秧"的方式，即每插完一棵，就后退一步，为什么大家不采用向前走插秧的方式呢？实践检验肯定是倒行的效率要比前行的高，一步一步地后退，最后的结果是实现了目标。

"该进则进，知难而退"是智者工作的韬略。

进与退，是自然给人类的两种不同方向的力量，让人类在生存发展中找到平衡与和谐。看似不应该的退，有时候是为了更好地进，这就是以退为进。

作为企业的中层，更要充分感受进退的学问，工作中，既要能进，以积极的努力去争取，也要能退，懂得该放弃的时候就要放弃。要知道，短暂的后退，不代表懦弱，有策略和目的的后退是智者所为。

三、外圆内方能屈伸

能屈能伸大丈夫，识时务者为俊杰。古往今来，历史上有多少风云人物、英雄豪杰都因能屈能伸而叱咤风云，所向披靡。

唐肃宗年间，有位宰相家中百人合住一处，还其乐融融。唐肃宗就问这位宰相："你家有百口，矛盾肯定少不了，怎么处理得好？"这位宰相答曰："全靠一个'忍'字。"

能屈，就需要"忍"字当头。但是，忍字心头一把刀。可见，做到容忍是何其不易，甚至要经受彻骨之痛。孙膑装疯卖傻，最后战胜了庞涓；越王勾践卧薪尝胆，东山再起，成为一代霸主……古往今来，像这样的事例可谓举不胜举。

孔子曾曰：小不忍则乱大谋。在这里，孔夫子是把"忍"当做人生的谋略与智慧来修炼的。而越王勾践"忍一时之气，争千秋之利"的故事，可谓其最突出的实践。

心理学解释，忍耐的最大好处在于推动人们与他人产生同感共情。在这里，忍耐是善解人意的代名词，是尊重理解的突出表现。研究表明，中国人强调集体主义，人们之间相互依存，希望通过人际关系的和谐来确定自我的位置和实现自我。由此，中国人更容易体会对方的心情。

李连杰由于出演处女作《少林寺》而在中国家喻户晓，在国内发展有所成就之后，他决心选择到世界顶级电影制作地——美国好莱坞寻找更大的事业舞台和机会。

初到好莱坞，没有人看好他，因为在西方，《少林寺》之类的电影少有人问津，在华人圈里面，李连杰还有自己的知名度，在西方主流里面，李连杰只是一个会点拳脚功夫的三流演员而已。

等了一段时间，最后终于有一家电影制作商愿意以很低的100万美元片酬请他出演反面人物的配角角色。作为在华人电影中塑造了多个正面角色、一直在担当主角的李连杰来说，这是一个很差的选题，既没有可观的片酬，也没有令人心动的角色，接？还是不接？

能屈能伸，才是大丈夫，李连杰最后同意接这个角色。但当他答应对方之后，对方又改口了，片酬降到75万美元。

李连杰考虑再三，还是决定，75万美元也接。

对方又非常不厚道地提出，只能给50万美元。

美国制片人连续降价，对"东方功夫皇帝"来说，是一种极大的侮辱。虽然李连杰很难过，但他还是坚定地认为：我需要机会去证明自己，观众的认可会让我有翻身的机会。

最后，李连杰在美国好莱坞的处女作《致命武器4》就这样完成了，影片首映当晚，在观众对演员的评分当中，李连杰力压众多国际巨星，以7.5分成为所有角色中的亚军，要知道，他出演的不过是个会拳脚的配角，还是个反派人物。

李连杰就这样一炮打响，有了西方主流观众的认可，就有了李连杰说话的机会。随后各种片约接踵而来，当他演到第四部好莱坞电影的时候，片酬已经提升到1700万美元，是他第一部好莱坞电影片酬的34倍。

面临韩信般的胯下之辱，与其抱怨，不如承认现实，努力改变，能屈能伸，也是一种能力和进步。

屈，是隐匿自我；伸，是高扬自我。屈，是生之低谷；伸，是生之峰巅。能屈能伸的人生，才是方圆的人生，才是智慧的人生。

四、外圆内方济刚柔

能文能武，能刚能柔，一直是从古至今人们所追求的一种至高境界。

刚柔，是传统文化太极中的阴阳。刚为阳，柔为阴，阳刚流露于外表，阴柔隐藏于内心。

刚与柔，并不难理解，但刚柔相济就比较难了。

老子早年向一个年纪更大的人请教学问，这个年纪更大的人张大了嘴巴，让老子往里面看。老子看了百思不得其解，说："弟子愚钝，请先生明示。"这位老先生看默化不行，只好点化。他说："你看到了什么？"老子说："我看到了舌头。"老先生问："牙齿呢？"老子说："牙齿已经没有了。"先生问："人体最硬的是什么？"老子回答说："最硬的是牙齿。"老先生说："最硬的牙齿已经荡然无存。"他接着问："人体最软的是什么？"老子回答说："最软的舌头却完好无损。"

"刚"到一定程度，会折断，这个时候，不妨改用"柔"，水滴穿石，柔能克刚。刚和柔是既相互对立又相互依存的，彼此之间保持着一种平衡状态。刚柔互用，不可偏废，太柔则靡，太刚则折。

一个好的中层管理者，应该懂得使用"胡萝卜加大棒"的方式去管理下属。"胡萝卜加大棒"，便是刚柔相济，恩威并重，又打又拉。

多年前，有一位美国通用电气的中层管理者，要当面向时任公司首席执行官韦尔奇做一次汇报，由于太紧张，两腿发起抖来。这位经理也坦白地告诉韦尔奇："我太太跟我说：'如果这次汇报砸了锅，你就不要回来了。'"在回程的飞机上，韦尔奇叫人送一瓶最高级的香槟和一打红玫瑰给这位经理的太太，在礼物的便条上写道："你先生的汇报非常成功，我们非常抱歉害得他在最近几星期忙得一塌糊涂。"在刚柔相济方面，韦尔奇是其中高手。

一代革命家黄兴回长沙发动群众，约定某晚起义。不幸机密泄露，湖南巡抚下令逮捕黄兴，隐匿者同罪。黄兴无处藏身，正在万分焦急之时，忽见一出租花轿仪仗的商店。黄兴面见店主，直接承认自己是黄兴，请他掩护自己。店主怕惹是生非，怎么也不答应。黄兴无奈，便大喝一声："今天巡抚下令关闭城门搜捕我，势必抓到我。我如果被捕，一定把你说成我的同党。若想免祸的话，就用花轿抬着我，配上仪仗和鼓手，送我出城，只要我脱了险，加倍付工钱。"话一出口，那店主只好乖乖地照办了。这就是所谓的刚柔相济、软硬兼施。

以柔克刚，水滴石穿；以刚制柔，天理相应。

对于中层管理者来说，刚柔并济手段的运用一般是对下属，在运用过程中，要懂得时机和场合，要适度，任何一方面的过度和不合时宜，都会适得其反。比如，一位下属工作出现小的失误，本来自己已经非常自责，并做了弥补，这个时候你还要拿着大棒再痛打一顿，只能让下属感受到你的不近人情。

再比如，一位员工因请假未得到批准而扬言要辞职，你当然要先了解一下请假的原因是什么，经了解是由于这位员工要带孩子去外地看病，这时候你如果帮助员工联系医院、帮助买票，那这位员工的辞职报告自然会自动撤回。

五、外圆内方方为本

内方，讲的是做人要光明磊落，胸怀坦荡，有自己的价值准则，能够判断对与错。正直之人，永远会得到尊重。

公司办公楼前，有一部分固定车位都是"对车号入位"，其中一个车位是给董事长专车使用的。一位刚上岗的保安，被培训之后，得到指令：所有固定车位，都要对号入位。

董事长这一天上班，由于司机被他派出去接客户了，所以就自己开了另外一台车来到公司，自然这台车的车号与给他留的固定车位号码不相符。当他刚刚停车入位，这位新来的保安就过来了，礼貌地告诉董事长："公司要求对号入位，请你把车停到临时车位里面。"

　　董事长很惊讶，说："你是刚来的吧？"

　　保安回答："是。"

　　董事长说："你知道我是谁吗？我是公司的董事长。"

　　保安愣了一下，接着说："我只是在按照要求做事，领导没有告诉我董事长是不是可以通融。"

　　董事长有些不高兴，拿起电话给保安部长打了个电话，在气头上的董事长直接下令："把这个新保安请出公司！"

　　保安部长在电话那端思考了一下，说："董事长，我认为这个保安是好员工，他没有做错什么，做的事情都是对的，不应该开除。"

　　事后，在公司的某次大会上，董事长把这件小事跟大家做了分享，最后说："我同意这个保安是个尽职的员工，我更欣慰的是我们的保安部长，没有盲目听从我的指令，坚守了自己内心的对错标准，他用这次反对我的指令，赢得了我对他的尊重！"

　　在企业里面，作为能够接触很多公司级事情的中层，或许你可能感受到"公司风气不正"、"裙带关系复杂"之类的问题，但是要记住，无论发生什么事情，无论出现什么问题，你自己内心的"方"永远是你的做人根本，永远是你赢得尊重的基础。逢场作戏、没有原则的妥协、钩心斗角算计别人，这些伎俩不仅不会让你成为最后的赢家，反而会让你失去公司对你的尊重与信任。

　　请记住：内心的方，就是你做人的品质，方是圆的底线，一个人失去了内心的坚守，即使赢得了一时之利，它也一定是暂时的。

【心理自测】外圆内方

该测验由 10 个问题组成,完成测验大约需要 5 分钟时间。题目中是有关你当前心态的描述,请判断这句话在多大程度上符合你的实际情况或你在多大程度上认同这句话的内容。

请在下表右侧的 5 个选项中,在最符合自己的选项里画"√"。请根据自己的第一印象尽快选择答案,不要过多思考,以免影响结果的准确性。

题号	题目	完全不符合	不太符合	有点符合	比较符合	非常符合
1	做事情如果太循规蹈矩,很多问题根本无法解决					
2	只要不是原则性的问题,是可以变通的					
3	工作中擅长处理人际关系很重要					
4	我认为自己在大是大非问题上一定能把握好尺度					
5	我善于面对不确定、不可预测的情境					
6	生活中的很多事情其实都是可以自我控制的					
7	面对复杂问题与局势,我总能泰然自若、运筹帷幄					
8	他人批评我时,我会耐心地听对方把话说完					
9	与人交流时,我对他人的观点不匆忙下结论					
10	办法总比困难多,这一点不假					

计分方法：

1. 第1、第3题从"完全不符合"到"非常符合"依次记5到1分。
2. 剩余题目从"完全不符合"到"非常符合"依次记1到5分。
3. 总分为以上得分加总，由低到高分为5个等级。

等级	分数段	解释
1	40~50分	有自己的主张和原则，能清醒地待人处事，游刃有余
2	30~40分	有一定的原则性，待人处事讲究技巧
3	20~30分	原则性一般，待人处事能力一般
4	10~20分	待人处事没有相应的标准和技巧
5	10分以下	待人处事一团乱麻，需要建立明确的价值标准

第十一章
先舍后得——种瓜得瓜，种豆得豆

- 职场人士不应该只关注个人得失、眼前利益，不能事事只想着受益。
- 如果你想在需要时能获得更多人的帮助，就需要不断在"情感账户"中进行存款。
- 作为企业的中层管理者，"面子"可能比"票子"重要。

一、什么是舍得

舍，就是舍弃、放弃、付出属于我们自己的某些东西，包括心血的付出、时间精力的耗费、物质和利益的付出，也包括对一些喜欢的事的有意识的舍弃。

得，就是我们收获到、拥有了某些东西，就是我们对所向往的健康、安全、感情、金钱、荣誉等能够得偿所愿。

舍得，顾名思义，即舍弃一些，又得到一些。可这是人生的一种大智慧，是一种处事的哲学，它们看起来是对立的，事实上是和谐统一的，并且一定是有舍才有得，无舍绝无得，而且也一定是小舍小得、大舍大得。

舍不一定能得到，但要想得到，必须要舍。

人在一生中最舍不得的就是一个"我"，我的金钱、我的地位、我的时间，这是最大的障碍。敢舍才能得，大舍才能大得。

舍与得是处世的哲学，也是做人的艺术。舍与得是一对矛盾，相生相克，相辅相成，把握好舍与得的关系，应用好舍与得的方法，便等于把握了人生的钥匙和成功的机遇。人的一生，有短有长，本质就是舍与得的不断重复。

职场人士不应该只关注个人得失、眼前利益，不能事事只想着受益。在团队合作才能做事情的环境下，最重要的是遇到个人利益问题要让，而不是争。要善于个人吃亏，换来团队的凝聚力，正所谓财散人聚，财聚人散；吃亏是福，占便宜是祸。

先舍后得具体包括哪些内容呢？

二、吃亏是福

李嘉诚无疑是现今华人圈里面最为成功的企业家之一，他的儿子李泽楷也继承了父亲的经商天赋，在商界有了很好的口碑与成功的业绩。

曾有人采访李泽楷："你父亲李嘉诚在经商方面，都教了你哪些秘诀？"

李泽楷想了一下回答："赚钱的技巧和方法，父亲没教我什么，他只是教了我一些做人的方法，比如我和别人合作做生意，赢利之后分配利益的时候，如果我拿七至八成合理，那么我只拿六成就行了。"

李嘉诚自己多年从商的经历，让他懂得，如果想争取更大的、更多的合作，用自己吃亏的方式会赢得对方合作的信任。能与你有信任的合作者越多，你的事业就越大。

正是李嘉诚这种勇于吃亏的气量，才让他获得了更多的合作者和合作机会，也成就了他的事业。

天津友发钢管集团，是中国 500 强企业之一，该企业内部有个规定：各级领导不许收受礼物，实在退不回去也要上缴。虽然企业有规定，但也有些人并不清楚，所以董事长李茂津家就有很多上门送礼的人。于是，李总就在自己家门上贴了一个小牌：公司的事去公司说，别带给我家人烦恼；串门欢迎，送礼请走，否则上缴并登名单！

这个"挡箭牌"确实把很多送礼的给拒绝了，但仍有一些人硬是塞了一些礼物，有的是一些新鲜食物。有一次李茂津收到了一箱新鲜的螃蟹，退不回去，但如果等到第二天上缴公司也就臭了该扔了，家里人就说，要不就吃了吧，不然浪费了多可惜。李茂津想了一下说，那就今晚吃了吧,不过吃前先称一下重量。

第二天,他按照当时市场新鲜螃蟹的价格,乘以昨晚称的重量,估算了一下价值,然后自己拿钱交给公司,明确告诉办公室礼品登记人员,这些螃蟹就算是自己花钱从送礼者手中买的。

李茂津有句话:要让大家做到吃亏是福,我们必须首先做到,只有这样,别人才会从内心里佩服,才能换来团队的凝聚力。

人们用物质上的缺失换取精神上的快乐,或者说是一种安慰,从经商的角度讲,这绝对是一个低成本、高回报的生意。吃亏,很多情况下,只是物质上的损失,可是换来的却是心灵的平和与宁静,是一种踏实,是一种安全感、满足感、幸福感。

三、情感账户

情感账户,是相对于银行账户而打的一个比喻。我们每个人都有银行的账户,上面有我们的现金财富,银行账户数字的多少,代表我们财务方面的富有程度。

而情感账户是个虚拟的账户,我们每个人在情感银行里面,同样有着一个情感账户,上面的数字多少,代表了我在周边社会群体中情感财务的富有程度。

如同真正的银行账户一样,在情感账户进行存款,会增加情感账户的数字,当你需要的时候,能支取出来的情感就越多。情感账户的存钱,就是给予别人、帮助别人,利他的事情做得越多,你的情感账户就越富有。

事实上,不管承认与否,我们每个人都在下意识地经营着自己的情感账户,大家常说的这个人"人缘不错",也代表了他情感账户的富有。如果我们是真正关心、帮助别人,就等于向对方的情感账户里"存款";如果只是从自己的立场出发做出损害别人利益的事,那就等于是从自己的情感账户里"取款"。

所以，如果你想在需要时能获得更多人的帮助，就需要不断在情感账户中进行存款，不断地在日常行为当中去理解别人、帮助别人，用真诚、礼貌换取别人对你的信任，为自己的情感账户充值。

2001年4月，郑州市公安局技侦支队队长任长霞调任登封市公安局局长，成为河南省公安系统有史以来的第一位女公安局长。当时面临的形势非常艰难：民警队伍涣散、积案堆积如山、群众怨声不断，行风评议年年倒数第一。她深入基层调查摸底，跑遍了登封17个乡镇区派出所，找到了问题的症结所在。随即从"从严治警"入手，清除了队伍中的3个害群之马，15名长期不上班、旷工、迟到以及参与违法违纪行为的民警被开除和辞退。此举令民警的精神面貌焕然一新。

在整顿队伍、严肃警风的同时，任长霞将全部精力集中到了破大案、破积案，打响了一场又一场攻坚战。多个大要案纷纷告捷。面对辉煌的战绩，干警和群众服了。大家都说："咱登封来了个女神警，案发一起就破一起。"

刑事犯罪案件破获了，任长霞又着手解决深层次问题。她从一封平常的群众来信中了解到，松颖避暑山庄老板王松纠集家族成员、两劳释放人员在白沙湖一带，横行乡里，敲诈勒索，致使上百人受到伤害，7人丧命，民怨极大。她决心挖掉这颗毒瘤。4月29日，王松手下的爪牙因参与作案被抓获，王松企图以钱开路，打通关节，救出这几个弟兄。5月1日晚，王松来到任长霞办公室，随手甩出一沓钱放在桌子上说："手下人捅了娄子，请任局长高抬贵手，网开一面。"任长霞严词拒绝，并将计就计，指令民警将王松一举擒获。

2001年4月25日，任长霞抽调20余名民警成立"控申专案组"，按照"立足化解，妥善处置"的思路，变上访为下访，变被动为主动，把控申工作查处信访积案作为一项"民心工程"，纳入工作的整体目标，她把每周六定为局长接待群众日，诚心倾听群众呼声。据不完全统计，3年来共接待群众来信3467人次，使476户上访老户罢访息诉，被广大人民群众赞誉为"任青天"、"女包公"。

2004年4月14日晚，任长霞在侦破"1·30"案件中途经郑少高速公路发生车祸，因受重伤随即被送往郑州市中心医院抢救，经过4个小时紧急抢救，终因伤势过重，不幸因公殉职。

2004年4月17日是任长霞追悼会召开的日子，这一天，登封市的少林大道上，14万自发为任长霞送行的老百姓挤满了十里长街。这样的场面，在这个千年古城是前所未有的。

"人民卫士"任长霞的情感账户无疑是"巨富"，自己舍弃了利益、家庭，换来的是人民对她的尊重与怀念。

心理账户的数字，是你的付出减去你的回报所得出的数字，可能为正数，也可能为负数，如果是正数，会让你赢得某种心理优势；如果是负数，也会让你陷入某种心理劣势。常言道：天上不会掉馅饼，没有免费的午餐。得与失结果的背后，都有着必然的原因。

四、推功揽过

推功揽过，就是把功劳、把荣誉给别人，把过错、过失放在自己身上，而这一点绝对是一个为人领导、为人朋友者一生都需要好好修炼的智慧，也是一种胸襟、一种豁达的气度，一种赢得人脉资本的重要方式。

作为企业的中层管理者，"面子"可能比"票子"重要，如果在公司内部丢了面子，那可能比丢了票子更难堪。所以很多企业的中层就习惯于维护面子，不愿意承认问题、承认错误。

推功揽过，看起来是丢了面子，实际上却会赢得信任。尤其是作为领导，推功揽过能最大限度地调动下属的积极性，使员工更加忠诚、负责。

东汉名将冯异，驰骋沙场几十年，战功累累，是汉光武帝刘秀中兴时的杰出统帅，但每次战役结束后，诸将并坐论功时，他为了避功，把封赏让给部下，常常独坐在大树下读书思过，因而军中称他为"大树将军"。

更始元年，大司马刘秀历经艰险，攻克邯郸，擒斩王郎，平息叛乱。冯异在邯郸之战中，战功赫赫。刘秀赞扬冯异"功勋难估，当为头功"。正当刘秀召集将领盘坐旷野、论功行赏时，冯异却独自离众，待在一棵老槐树下聚精会神地读《孙子兵法》。

当侍卫连拖带拉地将冯异带到刘秀跟前时，冯异却对封赏一再推让。实在推托不掉，他便建议将此功让给属下的一名偏将，令这位偏将大受感动。刘秀见冯异淡泊功利，又赏他许多金银，冯异却悉数分给这次作战中表现勇猛的士卒。

冯异的做法，使他调动起部下来得心应手，部卒愿意为他效力，同级之人佩服他，上司也欣赏他。

五、无欲则刚

有欲望，是人的本能。能控制欲望，更是人类进步的标志。欲望如果不加以限制、管理，就会让管理者如同脱缰的野马，一事无成。

清末的林则徐任两广总督期间，代表朝廷查禁鸦片，在查禁过程中，有各方利益者，或威逼，或以利益相许，都被林则徐挡了出去。他在自己的府衙写了一副对联告诫自己："海纳百川，有容乃大；壁立千仞，无欲则刚。"对联的上联是告诫自己，要广泛听取各种不同意见，才能把事情办好；下联是鞭策自己，做官必须要控制欲望，才能像山峰那样挺立世间。

我们经常说"无欲无畏",这也是很多企业家、政治家的座右铭。意思就是说,我能掌控自己、把握自己的欲望,对于他人、他物可以克制住无理的想法,无所求,就会无所忌。常言道,吃人嘴短、拿人手软,不吃人家的,不拿人家的、就会按照正确的原则、坚持自己的想法,做正确的事情,不犯错误。

吃亏是福、积累情感账户、推功揽过、无欲则刚是"先舍后得"的四个重要内涵,凡事努力践行的人,都是知道"舍得,舍得,先舍后得,是做企业人成功的基石,亦是为人的高品"这个道理,那么我们的生命中就一定充满了温暖、感恩与真情。家人幸福、朋友忠诚、企业凝聚力强,这就是先舍后得的人的回报。

六、先舍后得的误区

为了便于我们更好地认识"舍"与"得",从而更好地践行这个心态,从正面认识后,我们还要从反面给予澄清。

舍与得必须合法,必须是社会提倡的优良的、文明的风气,即舍与得不带功利性。

比如我们所说的行贿、受贿,行贿者是为了某种目的,舍弃物质的利益,用这种"舍"去换来更大的"得",而受贿者是为了让个人利益得,舍出去社会的利益、国家的利益、集体的利益,这种形似的舍、得,首先是不合法的,其次是社会道德所唾弃的,所以这不是真正的舍、得。

再比如我们常听说的一句话"舍不得孩子套不着狼",是指在利益面前,愿意放弃自己已有的部分利益,以换取更大的个人利益,这种利益的交换,带有明显的功利性、商业性,也不属于"先舍后得"的范围。

七、先舍后得的做法

懂得和掌握了先舍后得的心态，容易让我们的心态更成熟、更理性，容易让我们的生活更幸福。那如何做到先舍后得呢？

第一，要有更远大的理想和目标。

只有树立了远大理想和目标，我们才不会为小节所羁绊，不会为眼前利益所诱惑，胸怀大志、为人豁达的人，是不会顾及无聊琐事和纠缠不清的小利益的。

第二，要主动助人。

乐于助人，善于助人，送人玫瑰，手留余香，不断在情感账户里存款，尽可能少地从情感账户里提款，让自己成为真正的"情感上的富翁"；人生真正的财富不在于存折里的金钱，而在于情感账户里的感情存款。

第三，培养"吃亏是福"的思想品格。

有意识地去吃亏，懂得放下，摒弃"患得患失"的想法，大胆地去吃亏，因为"善行总有好报，耕耘总有收获"；不知道付出的人，是永远不会有收获的。

第四，荣誉让身边人分享，过错由自己承担。

愿意分享荣誉的人，才能得到身边人的拥护；愿意主动承担责任的人，才能得到身边人的尊重。

第五，控制自己的私欲，放下欲望。

人际关系的高手常说一句话"能用钱摆平的事情，不算事情"；"吃人家嘴短，拿人家手软"，被欲望牵引，容易让人走上歪路，被别人收买，容易让人失去自我。只有"无欲"，才能独立，才能洒脱，才能拥有世界。

【心理自测】先舍后得

该测验由18个问题组成，完成测验大约需要5分钟时间。题目中是有关你当前心态的描述，请判断这句话在多大程度上符合你的实际情况或你在多大程度上同意这句话的内容。

请在下表右侧的 5 个选项中，在最符合自己的选项里画"√"。请根据自己的第一印象尽快选择答案，不要过多思考，以免影响结果的准确性。

题号	题目	完全不符合	不太符合	有点符合	比较符合	非常符合
1	我比较容易因为一些诱惑改变自己最初的目标					
2	当我的下属犯错时，我认为自己也有责任					
3	我不太愿意在别人面前承认自己的不足					
4	我会为了部门、单位利益，牺牲个人利益					
5	当我为别人付出的时候，我会衡量一下值不值得					
6	如果能得到长远发展，我情愿放弃眼前的既得利益					
7	我觉得在吃些小亏的情况下，应尽量顾及同事感情；但没有必要为了同事感情，损失太多个人利益					
8	世间自有公道，付出总有回报					
9	我经常在两个机会之间犹豫不决					
10	我会利用休息时间工作以保证任务的完成					

(续)

题号	题目	完全不符合	不太符合	有点符合	比较符合	非常符合
11	我认为应该先"人人为我",再"我为人人"					
12	我认同"鱼与熊掌不可兼得"这句话					
13	我希望比大多数人拥有更多的东西					
14	我通常很愿意主动帮助别人					
15	我总是担心为别人付出之后不能有相应的回报					
16	在有荣誉时,我会首先想到我的下属					
17	我总是什么都想要					
18	在与我的下属共事时,如果我出了错或有所失误,我通常会尽力掩饰					

计分方法:

1. 第1、第3题从"完全不符合"到"非常符合"依次记5到1分。
2. 剩余题目从"完全不符合"到"非常符合"依次记1到5分。
3. 总分为以上得分加总,由低到高分为5个等级。

等级	分数段	解释
1	18~29分	不太有舍的意识,总希望从别人那儿得到,欲望很强
2	30~44分	对别人的付出不够,对他人的要求过多
3	45~67分	比较能为他人付出,乐于助人,能较好地在"舍"与"得"之间平衡
4	68~80分	愿意为他人吃亏,在大多数时候能先舍弃和付出
5	81~90分	有较为远大的理想和目标,不在乎个人得失

第十二章
学会宽容——心有多宽，路有多长

- 中层要在职场中有所作为，要毫无保留地把自己的力量奉献给团队。
- 如果你能包容别人的错误，原谅下级的过失，自然会赢来别人的忠心。
- "以直报怨"的方式，不至于伤害无辜，也不会加深仇恨、扩大矛盾。

民族英雄林则徐曾题联自勉："海纳百川，有容乃大；壁立千仞，无欲则刚。"讲的就是人要学会宽容，要有大海一样的胸襟，人要懂得大度，能包容世间一切。

人非圣贤，有善根，也有弱点。世间并无绝对的好与坏之分，也并非所有行为都是存心所为。大多数时候，我们都希望把事情做好，但往往事与愿违，好心帮倒忙，无意间伤害到他人或被他人伤害。甚至，我们在与人交往中，吃亏、不被人理解、受委屈等，总是不可避免的。

这时，最明智的选择就是学会宽容。

清朝康熙年间，宰相张英的家人在家乡与邻居争地界，写信向张英求助。张英写了一首诗作答："一纸来书只为墙，让他三尺又何妨；万里长城今犹在，不见当年秦始皇。"家人见诗后，主动向邻居让了三尺。邻居见宰相度量大，怕人耻笑自己姿态不高，也让出了三尺。后人称他们让出的地方为"六尺巷"。

俗话说，宰相肚里能撑船。宽容是成熟的标志，是气度的体现。学会了宽容，就会有宽阔的心灵广场，精神世界也会开阔许多。

柳传志曾对杨元庆说过："人生在世，注定要受许多委屈。而一个人越是成功，所遭受的委屈也越多。要使自己的生命获得极值，就不能太在乎委屈，不能让它们揪紧你的心灵。要学会一笑置之，要学会超然待之，要学会转化势能。智者懂得隐忍，原谅周围那些人，让我们在宽容中壮大。"

宽容是一种生存的智慧、生活的艺术。不仅包含理解和原谅，更显示宽广的胸襟、坚强的力量。正所谓"天将降大任于斯人也，必先苦其心志，劳其筋骨，饿其体肤，空乏其身，行拂乱其所为，所以动心忍性，增益其所不能"。

所以，心有多宽，路就有多长。

一、学会接纳自己和他人

接纳自我学会宽容，首先要学会接纳，包括接纳自己和接纳他人。

在这个世界上，我们每个人都是独一无二的，既有优点，也有不足。接纳自我就是要无条件地接受自己的一切，不仅接纳好的、成功的，也接纳不好的、失败的，接纳自己的缺点和不完善。

我们要客观、全面地认识自己，充分地接受自己的优点和缺点，不因优点而骄傲，也不因缺点而自卑。只有懂得欣赏自己、接纳自己、取悦自己，你就会拥有良好的感觉，就能自信对待一切，才能激发自己的才能和潜力。尺有所短，寸有所长，我们每个人都有缺点，有不足，不要总怀疑自己、否定自己、自卑自怜、自暴自弃，你才真正成长为独特的、坚强的、自由的自我。

大自然是非常公平的，从没有一种物种，有理由一定要模仿别的物种，一定要嫉妒别的生命。接纳自我是大自然恩赐给我们的权利，我们从来就不应该放弃自己。

那么，我们如何接纳自我呢？

第一，立刻停止与自己为敌。我们常常愚蠢地与自己作战，对自己完美的期许让我们对自己不满。现在，请停止对自己的一切不公平的待遇，包括停止批评自己，停止苛求自己，停止否定自己，停止逃避自己等。记住：你是独一无二的，你应该尊重自己生命的选择。

第二，客观评价自己的特点。"人无缺点，只有特点。"优点和缺点是有条件的，是因为标准不同而已。但是，我们接纳自己是不需要条件和标准的，只要你用客观的眼光来看待自己，就已经在做自己的朋友了。记住"不论我有什么特点，这些都是我，我选择无条件地接纳自己"。

仅接纳自己远远不够，我们还要接纳他人。因为，我们是社会动物，离开别人，我们是无法在世界上生存的。

然而，接纳他人，这些说起来简单，做起来不容易。

一个来自越战归来的士兵，从旧金山打电话给他的父母，告诉他们："爸妈，我回来了，可是我有个不情之请，我想带一个朋友同我一起回家。""当然好啊！"他们回答，"我们会很高兴见到的。"不过儿子又继续下去："可是有件事我想先告诉你们，他在越战里受了重伤，少了一条胳臂和一只脚，他现在走投无路，我想请他回来和我们一起生活。"

"儿子，我很遗憾，不过或许我们可以帮他找个安身之处。"父亲又接着说，"儿子你不知道自己在说些什么。像他这样残障的人会对我们的生活造成很大的负担。我们还有自己的生活要过，不能就让他这样破坏了。我建议你先回家然后忘了他，他会找到自己的一片天空的。"就在此时，儿子挂上了电话，他的父母再也没有他的消息了。

几天后，这对父母接到了来自旧金山警局的电话，告诉他们，他们亲爱的儿子已经坠楼身亡了。警方相信这只是单纯的自杀案件。于是这对父母伤心欲绝地飞往旧金山，并在警方带领之下到停尸间去辨认儿子的遗体。

那的确是他们的儿子没错，但令他们惊讶的是，儿子居然只有一条胳臂和一条腿。

故事中的父母就和我们大多数人一样。俗话说"物以类聚，人以群分"，我们只喜欢与我们相同的或是同一类型的人。实际上，当我们在排斥别人，不去接纳他人时，我们正在排斥自己。真正接纳自己的人也会接纳别人，无法接纳他人的人也不能接纳自己。

佛家讲"无缘大慈，同体大悲"，从遗传理论上讲，这个地球上的所有人都是亲戚关系，有什么理由不能接纳"自家人"呢？

二、学会尊重差异

《史记·高祖本纪》记载：高祖刘邦置酒洛阳南宫，问部下："吾所以有天下者何？项氏所以失天下者何？"部下纷纷给出不同的答案。刘邦却回答："你们只知其一，不知其二。运筹帷幄之中，决胜于千里之外，我比不上张子房；镇守国家，安抚百姓，供给粮饷，保证运粮道路不被阻断，我比不上萧何；统率百万大军，战则必胜，攻则必取，我比不上韩信。这三个人都是人中的俊杰，我却能够使用他们，这就是我能够取得天下的原因所在。项羽虽然有一位范增，却不相信他、重用他，这就是他被我打败的原因。"

在今天看来，刘邦"痞气十足，不修文学"，文化程度极为一般，但他的职场生涯却是相当成功的。刘邦职场成功的原因有两点：一是他善借团队之力；二是尊重个体差异，知人善用。而与之相反，项羽不但不善借团队之力，也不会尊重他人，知人善用。据史料记载，楚汉相争的所有大仗、恶仗，项羽都要亲自上，因为他怕下属有了军功后对自己的威信有影响。

作为中层管理者，要在职场中有所作为，所遵循的成功规律都是一样的：既要学会借团队之力发展自己，也要毫无保留地把自己的力量奉献给团队，使其转化为团队之力，通过团队绩效的提升来实现自己的人生目标。但是，一个高绩效团队的成员，一般都是不同技能的人员所组成的。反之，如果整个团队成员都是相同技能的人，那么这个团队的绩效和未来好不到哪儿去。

这其中，组建这样一个高效的团队，关键在于团队领导者是否有宽广的胸襟，能够尊重差异，包容不同特点的团队成员。显然，在这点上，刘邦比项羽做得好多了。

苏东坡和佛印是好朋友，两人常一起参禅。一次，苏东坡问佛印：你看看我像什么啊？佛印说：我看你像尊佛。苏东坡听后大笑，对佛印说：我看你坐在那儿，就活像一坨牛粪。佛印无语。苏东坡回家就在苏小妹面前炫耀。苏小妹冷笑一下对哥哥说：你知道参禅的人是见心见性，你心中有什么眼中就有什么。佛印说你像尊佛，说明他心中有尊佛；你说佛印像牛粪，想想你心里有什么吧！

人的知觉世界千差万别，各有千秋，都不绝对等于客观现实本身。由于个人的经验的不同，人的知觉会表现出很大的个体差异。就像照镜子一样，我们的行为会反射出我们自己。我们对待别人的方式就是我们对待自己的方式。

尊重差异，换位思考，客观评价他人的行为，你就会知道怎么让别人更加快乐，同时自己也更快乐。有了这种思维，你的心胸才会更加宽广，心情才会更加开阔，你的想象力也会更加丰富。

正是由于有差异的存在，才有了我们生活的这个丰富多彩的大千世界。所以，我们要学会尊重个别差异，不挑剔、不嫌弃。肯定自己的选择，接受和对方之间的差异，并尽可能地找寻共同点。

三、学会原谅一切

一位老妈妈在她50周年金婚纪念日那天，向来宾道出了她保持婚姻幸福的秘诀。她说："从我结婚那天起，我就准备列出丈夫的10条缺点，为了我们的婚姻幸福，我向自己承诺，每当他犯了这10条错误中的一个的时候，我都原谅他。"有人问，那他10条缺点到底是什么呢？她回答说："老实告诉你们吧，50年来，我始终没把这10条缺点列出来。每当我的丈夫做错了事情，让我气得直跳脚的时候，我马上

> 提醒自己：算他运气好吧，他犯的是10条中我可以原谅错误中的一个。"

很多时候，我们以为最大的挑战是原谅别人对我们的伤害。其实，若你已经原谅自己，就很容易原谅别人。但是，若你尚未原谅自己，就绝不可能原谅别人。原谅是要从自己的内心开始。

若你原谅了自己，那么原谅别人就不是难事，因为如果你能从心里真正拔除谴责别人的想法，就不难先原谅别人的行为。

大多数人不断试着原谅，但总想先原谅别人，才原谅自己。这样做反而会滋生真正的问题，因为并不是每个人都想要被原谅。不接受原谅的，有的是。有些人甚至拒绝相信自己是有罪的。你曾试过原谅一位自认为无罪的人吗？那是行不通的！无论你如何努力，他就是不肯接受你的原谅。

负担天生就是要人扛的，但它们天生也是要人丢掉的。所以，若你不想负担，又何来原谅呢？

原谅必须是无条件且全面性的，它引导我们走出过去的心态而进入现在。当我们原谅时，我们接受过去所发生的一切，包括过去对自己和别人所作的任何批判，不再把它们带到现在和未来的生活里。若仍带着过去的批判，我们就必须背负起来，成为负担。

> 楚庄王为庆祝胜利平定叛乱，宴请了满朝文武百官。酒过三巡，楚庄王让爱妃许姬出来为大家敬酒。突然，一阵风刮来，吹灭了所有的灯烛。黑暗里，有人乘着酒兴企图调戏许姬。许姬不从，慌乱中顺手扯下了他的帽缨。她随即向楚庄王哭诉，请求他掌灯后查出那个没有帽缨的人。楚庄王听后，命令百官全体摘下帽缨，然后再令掌灯。多年后，吴国的军队进攻楚国。楚国有一位将军身先士卒上阵杀敌，立下了赫赫战功。论功行赏时，楚庄王问他为何如此神勇，他回答道："臣乃殿上绝缨者。"楚庄王正是用自己的宽容，彻底换来了一员

猛将的忠心。

己所不欲，勿施于人。就算是自己的看法与人不同时，也不能判定对方的一定是错；尝试反复地思考，认真从其他角度去看，针对事而不是针对人，便会发现自己原本的定夺不一定完全正确。

别人的想法和行为总有他的原由。尽量接受和谅解别人的处事方式、作风和行动之后，调节一下自我的反应，就算因此而改变原本的做法或甚打消初衷，并不代表被同化，而是体谅和尊重。

每个人都有犯错误的时候，如果你能包容别人的错误，原谅下级的过失，自然会赢来别人的忠心与尊崇，很多矛盾与过节也能够迎刃而解；如果凡事都要斤斤计较，得理不饶人，虽然挣足了面子，实际上却失去了很多。工作中的磕磕碰碰，有时只需一句善意的道歉、一个真诚的笑脸，就足以让所有的矛盾烟消云散。

四、懂得不争之念

昔日毛泽东曾提："与天斗其乐无穷，与地斗其乐无穷，与人斗其乐无穷！"从某种意义上来说，竞争是人类生存的本能，是天性。竞争最大限度地调动人的主观潜能。"争"是现代社会最主要的特征。

但是，仔细一想，如果人与天斗，无数灾难已证，犹如螳臂挡车；如果人与人斗，则势必伤和气；而人与地斗，则逝后何处安栖呢？更何况，争来争去，于心安否？

其实，刚者易先受摧缺，强者易先受曲折。老子曰："上善若水，水利万物而不争。"水往低处流，随方就方，随圆就圆，福佑万物生长。但同时，水却柔弱而能攻坚强，无坚不摧。

智勇双全的蔺相如，先在秦廷战胜了残暴的秦王，完璧归赵，不辱使命；后在渑池迫使秦王为赵王击缶，维护了赵国的尊严。由于如此巨大的功绩，蔺相如被拜为上卿，地位超过了赵国宿将廉颇。这事惹恼了急躁刚直的廉老将军，他说："我出生入死，攻城野战，功勋卓著，才赢得眼下的高位。那蔺相如有何本领？他不过是摇唇鼓舌，和秦国打了两次交道罢了。他原来地位那样低贱，现今却官居我之上，我怎能咽下这口气？见到他，非羞辱一顿不可。"

蔺相如听说这事，每逢上朝就经常推托有病，不肯和廉颇争位次先后，有时外出，远远见到廉颇的车马，蔺相如就急忙令人把车让到小巷子去。

蔺相如的门下看到这些情况，颇为不解，纷纷说："我们仰慕你高尚的人品，才投到你的门下。现在你位居廉颇之上，他说出那样难听的话，你居然躲起来，害怕得不得了。对那种难听的话，平民百姓都难以忍受，何况像你这样的大臣呢？我们没什么本领，请允许我们辞别吧！"面对众门客激烈的言词，怎么辩解呢？蔺相如先不做解释，故意岔开话题，问了一件似乎与此无关的事："你们看廉将军和秦王两人哪一个厉害？"

"廉将军当然不如秦王！"众门客异口同声地回答。

"那么，秦王有那样大的威风，我敢在秦廷大声叱责他，还敢责骂他的文武高官，难道我会害怕廉颇吗？我所想的是：强暴的秦国之所以不敢发兵侵扰我赵国，只是因为我和廉颇两人在罢了。现今两虎相斗，必有一伤。我这样避让廉将军，就是把国家的利益放在前面，而把私人的恩怨放在后面啊！"

众门客顿时领悟，由衷折服。这些话传到廉颇耳中，这位久经沙场的老将军羞惭不已，立即上蔺府"负荆请罪"，在历史上留下了一段美谈。

几千年前老子一语点破世间的真理："夫唯不争，故天下莫能与之争。"蔺相如不争，故能以"将相和"而名垂历史。

五、运用以直报怨

当别人干了对不起你的事时，你将如何处理？

一般有两种方式，一种是"以德报怨"，一种是"以怨报怨"。

第一种以德报怨，假定人性本善，真正的坏人是没有的，每一个坏人都可以变成好人，只要你对他足够好。圣经中有这么一句话：如果有一个人打你的左脸，你就把自己的右脸也送给他打。现实生活中，以德报怨通常只是作为一个人的优良品质来加以颂扬的。

第二种以怨报怨，以牙还牙。这种情况，常落下个"冤冤相报何时了"的结果。我们都知道，冤冤相报是没办法和解的。"解铃还需系铃人"，"系铃人"不答应，偏要"以怨报怨"，永远不能解决。

以德报怨和以怨报怨都太极端，不足取，不是真正的宽容。

真正的宽容不是纵容、不是无原则的放纵，宽容应该有原则的。

在《论语·宪问》中有一段对话："或曰：'以德报怨，何如？'子曰：'何以报德？以直报怨，以德报德。'"意思是有人问孔子说："以德报怨，怎么样？"孔子说："为什么要报德呢？以直报怨，以德报德，就可以了。"

孔子认为只有以直报怨才是合理的。要有包容性，但又不丧失原则。

> 经济学家茅于轼有这样一次经历：一次他陪一位外国朋友去首都机场转一圈，打了辆出租车，等到从机场回来，他发现司机做了小小的手脚：没有按往返计费，是按单程的标准来计价，多算了60多元钱。
>
> 这时候有三种方法可以选择：一是向主管部门告发这个司机，那么司机不但收不到这笔车费，还将被处罚；二是自认倒霉了，算了；三是指出其错误行为，按应付的价钱付费。外国朋友建议用第一种方

法，但茅于轼选择了第三种。

运用"以直报怨"的方式，不至于伤害无辜，也不会加深仇恨、扩大矛盾。

【心理自测】学会宽容

该测验由 10 个问题组成，完成测验大约需要 5 分钟时间。题目中是有关你当前心态的描述，请判断这句话在多大程度上符合你的实际情况或你在多大程度上认同这句话的内容。

请在下表右侧的 5 个选项中，在最符合自己的选项里画"√"。请根据自己的第一印象尽快选择答案，不要过多思考，以免影响结果的准确性。

题号	题目	完全不符合	不太符合	有点符合	比较符合	非常符合
1	如果你信任别人，别人不一定会同样地信任你					
2	有些人自己并不高明，却总喜欢嘲讽他人					
3	我与任何人都很难亲密起来					
4	我希望人们能对我诚实一点					
5	一旦你开始为他人做他们喜欢的事时，他们就骑到你头上					
6	有的人反应迟缓、笨手笨脚，让人难以忍受					
7	我经常因为别人对待我的方式感到愤怒					
8	生活中常有人故意跟我过不去					

(续)

题号	题目	完全不符合	不太符合	有点符合	比较符合	非常符合
9	大多数的人都很自以为是,从来都不想面对自己不好的一面					
10	如果我的朋友冷落了我,我会大发脾气					

计分方法:

1. 第1、第3题从"完全不符合"到"非常符合"依次记5到1分。

2. 剩余题目从"完全不符合"到"非常符合"依次记1到5分。

3. 总分为以上得分加总,由低到高分为5个等级。

等级	分数段	解释
1	40~50分	思维狭隘,需要改变心态
2	30~40分	不够包容,不能客观看待他人的行为
3	20~30分	包容度一般,接纳别人的态度视别人接纳自己的态度的程度而定
4	10~20分	有较好的包容心
5	10分以下	有很强的包容心,能很好地接纳自己和他人

第十三章
懂得感恩——滴水之恩，涌泉相报

- 好的领导能把你带上事业的快车道，好的同事会让你在正确的事业道路上不断加速。
- 更高层面的感恩，不仅仅是感激所获得的，也要感激所失去的。
- 世上没有十全十美的事物，比抱怨更重要的是，自己为改变这些不如意做了哪些努力。

滴水之恩，涌泉相报。

恩由"因"和"心"组成，所以"恩"应是来源于自己心灵的一种感情。努力靠自己，成功靠他人。

理论上，感恩是一种心理活动，体现在人的知、情、意、信、行相统一的心理活动过程中。其中，感动是人体表情和肢体的情绪变化，这只是一个初始阶段，而施恩、报恩则是行为选择的结果。真正的感恩其实是"感"和"恩"的两个过程。

"感"是体验感受，通过人的感受认知世间的人与事，也就是知恩的阶段。但只有认知是不够的，人的思想与情感假如对他人的帮助没有经历认同的过程，就无法达到施恩、报恩的彼岸。或许只是暂时的感动，没有得到及时反复巩固，久而久之便淡忘了。

感恩，是一个心态的问题。要想成就人生，就必须学会感恩。应该以知恩为开端，情感诉求为桥梁，持之以恒的意志品质为条件，崇高信念为支撑，行为习惯为归宿。怀着一颗感恩的心来面对身边的人和物，你会突然感到原来世界如此美好。

一、我们应该感谢谁

"滴水之恩，涌泉相报"，是一个人的最高美德，是一个人获得他人信任和帮助的必备条件。

人生在世上，要与很多人发生交集，从呱呱落地开始，有了父母和亲人，到了上学的时候，有了同学、老师和朋友，到了工作的时候，有了领导、同事、客户、合作伙伴，成家立业之后，有了爱人、孩子。一生中有很多的人要和你有关联，这些关联中，你一定会得到这些人对你的关爱和帮助，所以我们要感激这些在你成长道路上帮助你的人。

首先，应该感谢父母的养育之恩，没有父母就没有你人生的开始。

"慈母手中线,游子身上衣。临行密密缝,意恐迟迟归。谁言寸草心,报得三春晖。"父母用自己的心血把你培养成人,无论你是贫困还是富有,始终都不能忘记父母的恩情。百善孝为先。

其次,要感谢老师的培育之恩。从上学那天开始,一路走来,你有多少位老师为你的成长倾注了心血?除了学校的老师,你职业生涯中的导师,你生活中的老师,他们都教会了你什么?

第三,要感谢公司或组织的录用与委任之恩。公司给你提供了事业发展的平台,在这个平台上你不仅获得了物质的回报,更实现了你自身的社会价值,得到了社会的尊重。

第四,要感谢客户或合作伙伴的合作与信任之恩,合作总比单干强,身边事业的合作伙伴,为你创造价值的客户,都是支撑你事业发展的主力。

第五,要感谢领导、同事、朋友的支持之恩,一个好的领导能把你带上事业的快车道,一个好的同事会让你在正确的事业道路上不断加速,身边朋友的鼓励和支持让你拥有更多的信心与能力。

最后,要感谢家人的陪伴之恩,他们是你生活的支柱,是你获得幸福感的源泉,家人的付出是默默的。

还有很多很多需要感激的人……

二、我们应该感恩什么

我们应该感恩什么?当然最应该感恩帮助你的人和事。

站在德钦县云岭乡飞来寺旁,欣赏完美丽的梅里雪山,面对脚下深壑的澜沧江峡谷,你会看到,像面条一样的小路在那悬崖间挂着。那是一条乡间邮路,是乡村邮递员一步一个脚印踩出来的邮路,是通往山里的唯一信息通道。

藏民行走在这条艰险的路上，那是受信仰的驱使；

旅游探险者走在这条路上，那是被发现的渴望驱使；

而邮递员则是缘于责任的驱使，一天天、一年年走在这条邮路上。

10年来，"溜索姑娘"——云南省迪庆藏族自治州德钦县云岭邮政所的邮递员尼玛拉木，就行走在这样的邮路上，行程10万公里。她，被当地藏族同胞称为"太阳仙女"。

自1999年从老所长桑称手里接过邮包后，尼玛拉木每天要背着20多公斤重的邮包和为藏民捎带的生产生活用品，穿行在总长度350多公里的3条邮路上，服务分散在云岭乡960平方公里、数十个村寨的5800余名藏族同胞。

她是"全国邮政系统模范投递员"，还上过《感动国人的中国邮路》画册的封面。面对2004年以来的无数镜头和许多的荣誉，朴实无华的尼玛拉木一如既往地行走在她所热爱的邮路上。她心里想着："人家把信交给我来送，其实就已经把心交给我了。不管遇到什么样的困难，我都要把信件送到对方手中。任何情况下，邮件是第一位的，老百姓需要它。"

"5·12"汶川地震发生后，尼玛拉木每天去梅里雪山为灾区群众祈祷。后来，她通过组织渠道，个人捐款1000元。2008年6月11日，尼玛拉木作为奥运火炬手，在香格里拉县传递奥运圣火。8月24日，尼玛拉木应邀观看了北京奥运会闭幕式。

"组织和社会给我这么多荣誉，我以后一定加倍努力工作，为乡亲们多做些事情。"尼玛拉木说，"今后，我还是要尽职尽责，继续在云岭乡的邮路上走下去，把邮政的真诚服务送给千家万户，让乡亲们满意。"

尼玛拉木是一个懂得感恩的人，当她接过老所长手中的邮包时，用自己最大的付出与努力，行程10万公里，为乡亲们默默服务了10

年。组织给了她很高的荣誉,她又心怀一颗感恩心,努力工作,回报了社会和组织对他的感激。

滴水之恩,涌泉相报,大多数人都会这样做,但还有一个更高层面的感恩,这种感恩不仅仅是感激所获得的,也是感激你所失去的。

一次,美国前总统罗斯福家失盗,被偷去了许多东西,一位朋友闻讯后,忙写信安慰他,劝他不必太在意。罗斯福给朋友写了一封回信:

"亲爱的朋友,谢谢你来信安慰我,我现在很平安。感谢上帝:因为第一,贼偷去的是我的东西,而没有伤害我的生命;第二,贼只偷去我部分东西,而不是全部;第三,最值得庆幸的是,做贼的是他,而不是我。"

对任何一个人来说,失盗绝对是不幸的事,而罗斯福却找出了感恩的三条理由。净空法师曾经向众生开示,让大家要生活在感恩的世界里:
感激伤害你的人,因为他磨练了你的心志;
感激欺骗你的人,因为他增进了你的见识;
感激鞭打你的人,因为他消除了你的业障;
感激遗弃你的人,因为他教导了你应自立;
感激绊倒你的人,因为他强化了你的能力;
感激斥责你的人,因为他助长了你的智慧;
感激所有使你坚定成就的人。

三、感恩应该怎么做

老子曰:人法地,地法天,天法道,道法自然。人的食用靠土地,而土地不图回报，人应该效法土地；地要效法天，天只有付出，没有回报，像太阳一样，只放射光和热，并没有在土地上吸收什么；而天要效法道，道是什么？道是自然。效法自然的法则就是顺其自然。

所以要做到感恩第一条就是：但行好事，莫问前程；只有付出，不图回报。

做到感恩的第二条就是回报不用价值去衡量。需要你感恩的事情，到底值多少钱？确切的回答是无价。感恩的关键在于回报，而回报不能用价值去衡量。如果始终用对等价值交换的原则，那就不是感恩，而是商业利益的互换。

做到感恩的第三条就是感恩不要等。古语说，尽孝不要等，因为父母的余生肯定比你要短。感恩也不能等，回忆一下曾经帮助过你的人，他们给你的帮助是及时的吗？感恩是常态，不能等等再说，要随时随地怀有感恩的心态，去及时报答曾经帮助过你的人。

做到感恩的第四条就是建立感恩的习惯。我们的生活中常常缺少表达感恩的习惯。我们老是心里记着，告诉自己：找个机会我会感恩的。只是有时候，有些人，有些事，错过了就是错过了。有了感恩之心，就要建立起感恩的习惯，用好的习惯升华我们的品格。所以，带一颗感恩的心上路，让感恩成习惯，随时随地感恩陌生人给你的付出和帮助。

做到感恩的最后一条就是不去抱怨：感恩是一种生活哲学，你不一定要感谢大恩大德，但你一定要善于发现并欣赏生活中的美。人生在世，不如意事十有八九，世上没有十全十美的事物。比抱怨更重要的是，自己为改变这些不如意做了哪些努力。

所以，请感恩，勿抱怨。

感恩是一束金色的阳光，能融化冰雪，让我们学会感恩，让这束阳光照耀在我们大家的心底！

四、走出感恩的误区

张三与李四是情同手足的朋友,张三自己做着一个小生意,李四是一个大公司老板。

张三在自己做生意过程中,经常会得到李四的支援和帮助,张三现金流不够,李四自己借钱给他用,不要利息;张三生意不景气,李四不厌其烦地帮助他出主意、打气;张三的合作伙伴把他告上法庭,李四出面帮助调节,并让双方最终和解。应该说张三的事业发展中,没有李四的支持就没有张三的今天。

突然一天,李四由于财务问题,被检察院提起公诉。李四事前得到了消息,跑到张三那里,要借他的车及一笔钱逃跑,躲避检察机关对他的追捕。

面对这种情况,张三应该怎么办?

从感恩的角度,李四的事情就是张三的事情,过去的十几年中,没有李四的帮助就没有张三的今天,今天是张三应该回报李四的时候了。

从法律的角度,张三应该劝李四自首,好好改过自新,重新做人。

一边是法律,一边是所谓的道义,张三该如何选择?

如果张三选择了帮助李四逃跑,那这种感恩就是狭义的,也是感恩的重大误区。

什么是感恩,前提是建立在社会道德和法律基础之上的感恩,突破道德和法律界限的感恩,实际是对别人最大的、最深远的伤害。这就好比曾经帮助过你的一个人吸毒成瘾,当他向你要毒品的时候,给他毒品貌似感恩回报,但实际上是让他越陷越深,最终会让他被毒品夺去生命。

【心理自测】懂得感恩

该测验由 6 个问题组成，完成测验大约需要 3 分钟时间。题目中是有关你当前心态的描述，请判断这句话在多大程度上符合你的实际情况或你在多大程度上同意这句话的内容。

请在下表右侧的 5 个选项中，在最符合自己的选项里画"√"。请根据自己的第一印象尽快选择答案，不要过多思考，以免影响结果的准确性。

题号	题目	完全不符合	不太符合	有点符合	比较符合	非常符合
1	只要别人帮助过我，我一定会记得，并总想找个机会去回报他					
2	我认为我目前所取得的成绩都是我凭努力得来的，别人并没有帮助我多少					
3	在我的工作中，同事和领导对我的帮助并不是很大					
4	即使我的下属在项目过程中很配合我的工作，但如果项目失败了，我还是觉得他们努力不够					
5	如果我取得了一个订单，我认为这都是我努力争取的结果，并不需要感谢客户					
6	晚上回家发现邻居送了一篮子新鲜的蔬菜，我会在随后几天内把自己采摘的水果回赠给邻居					

计分方法：

1. 第 1、第 3 题从"完全不符合"到"非常符合"依次记 5 到 1 分。

2. 剩余题目从"完全不符合"到"非常符合"依次记1到5分。

3. 总分为以上得分加总,由低到高分为5个等级。

等级	分数段	解释
1	25~30分	感恩心很强,一定要回报别人的馈赠
2	20~25分	有感恩心,随时愿意去帮助别人
3	15~20分	有感恩心,常记着曾经帮助自己的人
4	10~15分	感恩心较弱,强调价值对等
5	10分以下	对感恩没有太多概念,功利性很强

"超级中层商学院"系列培训精彩观点分享

　　一直想在管理者和被管理者的日常工作过程中，找出任务未能有效执行与未能有效培养下属的原因及解决方法，但没有如愿。学习了"超级中层商学院之收放自如带队伍"的课程后，我茅塞顿开，既找到了问题的瓶颈所在，也找到了解决的方法，就是带队伍的辅导五步法：说明目标讲解规律——你说他听；示范——你做他看；练习——他做你看；总结——他说你听；反馈——你说他听。感谢中国软实力研究中心的老师们，这是对我们人才培养和提升管理效率上最给力的支持！

中国汽车影音导航业第一品牌——广东好帮手电子科技股份有限公司

总裁助理 陈展甘

　　一场别开生面的学习活动结束了，当学员们用PPT、Video、照片等多种方式分享培训感悟和收获时，我感受到了他们的幸福。我也开始思考，未来如何创新工作流程和工作方法去提升工作效能？未来应该如何转变思维模式、改变工作思路，来适应我行跨越式发展的脚步？未来我如何把所学融入具体工作中，落实行里倡导的"幸福文化"？

环首都绿色经济圈银行——张家口市商业银行

信息培训部总经理 赵永强

　　"超级中层商学院"培训，我个人感受最深的是掌握了其中的高效工作方法。训前，我通常是听到上级的指示就开始着手落实，而过程中常会被领导批评而返工；训后，我调整了自己的工作方法，在得到上级指示后，会先挖掘领导需求，制订合理方案，与领导达成共识之后再落实，结果就是事半功倍！

亚洲最大工程机械销售商——内蒙古中城工程机械（集团）有限公司

运营总监 元明星

今年参加"超级中层商学院"系列课程,既有老师精彩的讲授,也有丰富的互动体验;既有高管的管理经验分享,也有不同系统管理人员的交流。通过参加此次培训,我主要有以下几点收获:

* 通过参与整个系列课程的设计和学习具体的课程,使我认识到管理是一个系统的工作。

* 在每一门具体的课程中,在了解理论原理的基础上,学到了一些具体的工作方法和技能,比如工作五步法、员工面谈七步骤等。

* 团队的价值高于个人价值。从开始组建小组,确定组名,提出我们的口号,到每次课程中积极为小组争取成绩,每一个成员都积极参与。现实工作中也是一样的道理。

* 学习的最高境界在于把学到的东西灵活地运用到自己的工作中,如果不用,知识和方法只可能永远停留在"我听过"、"我知道"的层面,不会对提高自己的管理能力起到任何帮助。

农业产业化国家重点龙头企业——浙江青莲食品股份有限公司
副总经理 晏波

参加中国软实力研究中心的系列培训,首先让我意识到作为管理者如何从"领头羊"向"牧羊人"转变,其次让我学会了调整心态、高效工作、有效沟通、跨部门协同的工具和方法,最后让我实现了从"工作中有想法"到"实践中有做法"的飞跃!

中国最大焊接钢管制造商、中国企业500强——天津友发钢管集团
财务副总监 李茂红

我们从开始的"倒数第一"到现在的"倒数第六",我们赢在心态;

我们从云顶山到碛口,始终在塑造着这种亲近自然的"野",我们赢在形象;

我们从新旧队员之间的更替到队内的令行禁止,我们赢在沟通;

我们从一拥而上转变为狼队长带领下的明确分工,我们赢在带队伍;

我们从提出车改方案到获得公司高层认可,我们赢在工作方法;

我们从车改方案的被认可到积极配合公司车改方案的制订,我们赢在协同;

我们从战略目标的制定到战略目标的达成,我们赢在规划,我们赢在落地!

国际顶尖特级冶金焦生产商——山西大土河焦化有限责任公司

野狼队学员

"超级中层商学院"结业汇报快板书

打竹板,竹板响,培训感悟我们讲。

时间短,知识广,梯队培训是梦想。

领悟深,实用强,管理提升助成长。

学心态,保健康,遇到挫折你莫慌。

塑形象,讲礼仪,待人接物要得体。

带队伍,有技巧,关键要把方法找。

工作法,五步棋,要用复盘来梳理。

学协同,抓管控,双赢思维是杆秤。

多沟通,勤协调,演讲锻炼最有效。

做规划,设目标,分清优劣定位好。

眼光远,目标准,最后落地站得稳。

毕业后,莫忘记,学以致用要彻底。

业务精,管理行,带领队伍有创新。

定计划,做总结,工作方法要科学。

大土河,恩情深,培养我们奔高层。

海豹队,不失信,实际行动来验证。

为公司,创效益,百年老店成佳绩。

向公司,表决心,奉献青春报母恩!

国际顶尖特级冶金焦生产商——山西大土河焦化有限责任公司

海豹队学员

这次学习收获很大，我要从现在开始，先把时间管理的工具方法应用起来，每天早上把当天要做的事情先列出来，按照主动性和应对性进行分类，然后按重要性和紧急性进行排序，制订每天的时间计划表，而且每天必须预留足够的时间来进行总结和自我评估。不积跬步无以至千里，我相信每一个微小的进步，都会成为成功的基石。

中国最大焦炭出口商——俊安（中国）投资有限公司

总经办主任 刘国政

通过为期一周的封闭式培训，学员对如何发现问题、如何诊断问题原因、如何提出改善建议有了全面系统的了解。尽管每天的学习任务很紧张，但是采用的案例分析、情景演练、小组讨论、问题抢答等方式，让学员能够身临其境地进行体验式学习，既学到了知识，又掌握了应用的工具与方法。

——蒙牛乳业（集团）股份有限公司

营运管理系统流程管理部部长 胡艳红

中国软实力研究中心的老师为我们组织的培训，不但让我们学到了如何带队伍、如何有效工作、如何调整心态等知识，更让我们耳目一新的是老师们组织培训的方法。以前我们都是用授课的方式组织员工培训，学员在培训过程中基本没有参与感，总是被动地接受老师讲授的知识，所以学习效果也大打折扣。今后，我们也可以采用团队组建与风采展示、影片欣赏与分享、小组研讨与分享、知识竞赛等方式丰富企业内训的手段，让我们的员工能更加主动地参与到培训中，提升培训的效果和员工的培训满意度！

——辽宁曙光汽车集团股份有限公司

培训部副部长 王蔚

此次"泰富后备人才特训营"在中国软实力研究中心的设计、组织下，紧扣企业对人才的需求，围绕组织指挥能力、沟通协调能力、团队激励能力和呈现表达能力等多维度进行培训设计和开发，将企业文化培训与专业知识培训、通用技能培训和泰富业务技能培训相结合，通过案例模拟、团队活动、辩论竞赛等方式综合考察学员的态度和能力。

对人才的投资是企业可持续发展的驱动力之一。管理是企业对员工严肃的爱，培训是企业给员工最大的福利。

——常州泰富百货集团有限责任公司
副总经理 范洪

这次"管理者修炼"的培训，让我意识到，当好管理者是一个长期修炼的过程，首先要意识到自己角色的转变，不应该再在场上充当明星，应该隐到场后做好教练；其次要善于发现下属的优势，充分发挥他们的才干；最后要会带队伍，熟练应用关心的力量、赞美的力量、尊重的力量和反馈的力量。

——百度公司品牌管理部
高级经理 付昆英

在中国软实力研究中心的顾问的支持下，本期"中粮食品营销有限公司的精英人才训练营"可以说是一炮打响，启动了公司后备人才梯队建设的系统工程。通过测评反馈让学员了解到其他同事的行为风格特征，有助于团队的沟通和融合；通过心态培训让学员们更加清晰如何在日常工作中践行中粮集团阳光诚信企业文化；通过沙盘经营模拟让学员们更系统和深刻地领悟到企业经营的奥妙。而且，通过参与本期培训的组织准备工作，也让人力资源部门的年轻同事得到一次极好的锻炼机会，从中国软实力研究中心的老师那里系统学习到企业内训的组织与管理。

——中粮食品营销有限公司
人力资源总监 钮欣玉

本次培训，通过以我公司内部案例为项目背景，全过程的沙盘演练，有效地训练了员工在工作中的系统性思维能力，特别是为整个公司各部门之间如何实现协同管理的联动效应，提供了解决方案！

国家特大型企业——中广核工程设计有限公司
副总经理 咸春宇

项目管理课程,让我和我的团队,学习了国际上先进的项目管理知识与体系、工具与技术,特别是训练了我们的项目化管理思维,为我们实现全公司项目组合管理价值链提供了新思路与方法!

——深圳联合利丰供应链管理有限公司

运营总监 韩婧

培训中学到的思维,为我在工作中解决需要为多部门多业务单元进行工作协同配合的难题提供了方法与思路,特别是多个项目管理工作模板的演练使用,更是增强了我的实践能力!

——富士康科技集团

项目管理部 戴西茶

M8 的系统培训,让我们开阔了视野,学习了先进的工具方法,凝聚了团队,提升了我们组织的整体战斗力!

——阿拉善龙信实业

副总经理 郭昌

致谢

"超级中层商学院"系列图书的开发与撰写,得到了中国软实力研究中心众多企业客户的鼎力支持。几年来,在为这些客户提供中层梯队培训的时候,我们不仅得到了众多中层管理者非常有价值的反馈,还得到了来自客户决策层、人力资源部门、培训管理者众多中肯的改善建议。

是客户的期望给了我们不断做好的动力,是客户的建议给了我们提升的方向,这里要对在"超级中层商学院"培训项目中,给予过我们巨大帮助的企业表示诚挚的感谢,他们包括但不限于:

中粮集团有限公司、张家口商业银行、广东好帮手电子股份有限公司、蒙牛乳业(集团)股份有限公司、曙光汽车集团股份有限公司、天津友发钢管集团股份有限公司、山西大土河焦化有限责任公司、内蒙古中城工程机械(集团)有限公司、大唐国际托克托发电有限责任公司、浙江青莲食品股份有限公司、阿拉善龙信实业发展有限责任公司、俊安(中国)投资有限公司、中国银行、江苏弘惠医药有限公司、常州泰富集团有限责任公司、百度公司、上海奉贤经济开发区管委会、新希望集团有限公司、联想集团有限公司、天津市国资委、重庆软件协会等。

在本书的写作过程中,中国软实力研究中心的部分研究员帮助各位作者进行了大量案例收集、文字编辑、研讨论证等工作,这里特别向这些战友们表示感谢,他们是:

张文娟、王刚、董礼娜、田静、陈玉、林静、冯燕、宋碧琼、赵婷婷、赵雅静、郭迎华等。

"超级中层商学院"丛书的出版,只是一个起点,我们深知这套方法还有需要继续完善和提升的地方,因此特别诚恳地希望读者朋友能够为我们提出各种意见和建议,让我们一起努力,为中国企业培养出更多的"超级中层",为中国企业的基业长青贡献绵薄之力。

"超级中层商学院"系列图书

"超级中层商学院"是一套经过十五年管理咨询积累、两年准备开发、三年深入实践的针对中层的咨询型培训项目。中国软实力研究中心的多位资深咨询顾问,在与数十家公司、上千名中层管理者的互动中,反复演习,高度提炼,将针对中层的培训分为八个方面。这八种能力训练,全面满足中层工作需要,而书中的情境式分解,基本上已经覆盖了中层管理者九成以上的管理状态,并直接给出方法和分析。

这套书不卖弄知识,希望给所有的中层提供"干货"和"绝活",让大家看得懂、学得会、用得上。而书中提供的所有工具方法也均通过数十家企业的实际使用,证明是高效的。我们能保证的是,这套书看完,至少所有的中层全套规定动作能做对70%,至于剩下的30%,还需靠团队指引和个人悟性。

如您在阅读过程中有任何意见和问题,请拨打项目咨询电话:010-67687044。

管理个人

《超级中层商学院之像中层,才能当好中层》　　　　　　　作者:李天田　史宇红

适应中层多重角色的贴身指导

如果说公司运行是场大戏,中层管理者就是其中戏份最复杂的演员,要想扮演好每一个角色,不仅需要得体的着装,还要注意仪态、礼节、沟通技巧……只要遵循本书提到的"角色力修习三步法"(彩排—演出—复盘),就能化繁为简,轻松应对每个场合。

《超级中层商学院之好心态带来高能量》　　　　　　　作者:林世华　李国刚

解决中层心态问题的良方

本书紧扣中层管理者的工作特点,指出这个群体的压力和焦虑的来源,并给出有效的解决方案。书中有大量测试,可以让每位中层检测到自己的真实能量状况,让中层迅速找到达到最好状态的良方。与万金油式的励志书相比,本书更实用,更能解决具体问题,让中层从"中煎力量"升格为"中坚力量"。

管理工作

《超级中层商学院之做事有章法》　　　　　　　作者:李国刚　史宇红

从"爱干"到"会干"的工具箱

本书从"工作五步法"、"工作角色"、"时间管理"三个维度帮助中层管理者掌握工作的标准步骤,认知自己的工作角色,管理好工作时间,从而使中层管理者在"爱干"、"能干"的基础上"会干",进而在工作中做到从容应对、事半功倍。

《超级中层商学院之沟通有结果》　　　　　　　　　　　作者：金丽　李天田
让沟通立竿见影的锦囊

　　本书从扫除沟通的障碍与误区入手，以生动鲜活的情境分析，剖析中层管理者在沟通中的成败得失，并列出了实现的行为菜单。书中的情境设计覆盖了绝大部分中层管理者的工作内容，深入专业的分析，能让你领悟沟通要义，成为能说会干的沟通高手。

管理团队

《超级中层商学院之收放自如带队伍》　　　　　　　　作者：李天田 王琦 路文军
打造高效队伍的行动方案

　　本书以中层管理者罗盘为指引，从中层管理者应具备的三大内功和管理团队的五大技能两个角度，系统地为中层管理者展示了管理团队的各种方法。中层人员通过学习并在实际工作中重复练习，便能够使自己从"最能干"、"最会干"的幻觉中醒过来，"放下机关枪，拿好指挥棒"，在管理团队时做到收放自如，打造出一支高绩效的团队。

《超级中层商学院之跨部门协同无障碍》　　　　　　　作者：王琦 李国刚 郭雷华
推倒部门墙的操作指南

　　本书从制约跨部门协同的五大心理困境切入，辅以部门间协同不力的常见情境回顾，指出了破解部门间协同不畅的具体方法，提供了服务协同、指导协同、管控协同、情感协同四类协同工具，以及与协同效果相关的测评工具和改善方法，为跨部门协同提供了一套可操作的整体解决方案。

管理战略

《超级中层商学院之七步务实做规划》　　　　　　　　作者：王胜男 林世华 王彬沣
做好规划的行动清单

　　本书提出的"部门规划七步法"是一套制订规划的"规定动作"，这七个步骤全面覆盖了规划制订前的准备事宜、规划制订中的注意事项、规划形成后的执行保障等各个环节。帮助中层管理者打破"规划就是形式主义"的魔咒，做出的规划不仅能让上至领导、下至员工都看得懂，更能保证其符合部门实际、切实可行地指导部门行动，从而高效实现目标。

《超级中层商学院之落地才是硬道理》　　　　　　　　作者：刘恩才 王彬沣
部门规划从悬浮到落地的专门解决方案

　　部门工作计划的有效落地是企业规划落地的基础，也是公司领导考核中层的关键，但这往往也是中层管理者的短板。本书给出了保障部门规划落地的四大功能提升系统，帮助部门员工同一目标、提高士气、确保团队氛围和谐、信息传递及时，并辅以有效的检核方法，让硬道理成为软方法，为规划落地保驾护航。

更多好书，尽在掌握

大宗购买、咨询各地图书销售点等事宜，请拨打销售服务热线：010-82894445

媒体合作、电子出版、咨询作者培训等事宜，请拨打市场服务热线：010-82893505

推荐稿件、投稿，请拨打策划服务热线：010-82893507，82894830

欲了解新书信息，第一时间参与图书评论，请登录网站：www.sdgh.com.cn

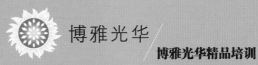